革命的形成

清季十年的转折

罗志田 著

商務印書館
创于1897 The Commercial Press

图书在版编目（CIP）数据

革命的形成：清季十年的转折 / 罗志田著．—北京：商务印书馆，2021（2023.5 重印）
ISBN 978-7-100-20388-3

Ⅰ.①革…　Ⅱ.①罗…　Ⅲ.①政治体制改革—研究—中国—清后期　Ⅳ.①D691.21

中国版本图书馆 CIP 数据核字（2021）第 188582 号

革命的形成：清季十年的转折
罗志田　著

商　务　印　书　馆　出　版
（北京王府井大街 36 号　邮政编码 100710）
商　务　印　书　馆　发　行
北京艺辉伊航图文有限公司印刷
ISBN 978 - 7 - 100 - 20388 - 3

2021 年 10 月第 1 版　　　　开本 850 × 1168　1/32
2023 年 5 月北京第 4 次印刷　　印张 6¾

定价：39.00 元

革命之世，不必皆暴君。

——严复：《〈庄子〉评语》

自　序

今年是辛亥革命110周年。百多年前的辛亥革命，是中国历史上一次根本性的大转折。其“大”的程度，当事人的认知显有不足，后世亦然。

在辛亥革命前后十多年的时间里，中国至少出现了五六种要用“千年”来做计量单位的重大变化。第一就是废除科举制，改变了施行一千多年的考试制度，被严复视为“吾国数千年中莫大之举动”，其重要性等同于古代的“废封建、开阡陌”。[①] 稍后的立宪尝试，也被梁启超认为是“开数千年未有之创局”。[②] 再以后的共和取代帝制，更是至少三四千年的转折。与这三项显著的根本性巨变相伴随的，是一些相对隐性的变化，如经典的淡出[③]、四

---

① 严复：《论教育与国家之关系》（1906年），《严复集》，第1册，王栻主编，中华书局1986年版，第166页。

② 梁启超：《敬告国人之误解宪政者》（1911年2月发表），《饮冰室合集·文集之二十六》，中华书局1989年版，第62页。本书所引《饮冰室合集》皆用此版。

③ 经书在物质上仍存在，但经典是要指导政治、指导人生、指导整个社会的，这样的经书已不再存在，实际等于没有经典了。

民社会的解体[①]，以及迄今仍在影响我们的白话书写方式，皆是以千年计的划时代大转变。

这些根本性转变发生在大约二十年的时间里，应当不是偶然的。辛亥鼎革虽仅是其中之一，却也可以说是最具代表性的一个。或不妨适当扩大研究视野，把辛亥前十年和后十年，约即从戊戌维新到新文化运动的二十来年，作为观察对象，而将发生在辛亥年的政权鼎革视作一个象征性的转折点——相关的转变此前已发生，此后仍在延续。[②]通过这样的考察，可以更充分地认识辛亥革命本身及其历史意义。

如果把观察的时段再稍往前延伸，可以说外力入侵造成的权势结构巨变或是辛亥鼎革的远因。这里所说的"权势结构"不仅是政治的和军事的，也包括社会的、经济的、心理的和文化的，是众多因素合力所结之构。其间最关键的变化，就是王国维后来概括的"道出于二"。[③]传统中国政教体系本互相依存，当政不尽如人意时，士人多尝试在教的一面做出调整。近代士人虽也借助西来的思想资源，但大体仍是在传统中求变。戊戌维新时，康有为

---

① 参见罗志田：《科举制的废除与四民社会的解体——一个内地乡绅眼中的近代社会变迁》，《清华学报》（新竹）新25卷第4期（1995年12月，实印于1997年4月）。

② 参见罗志田：《革命加转化的过渡时代》，《文化纵横》2009年2月号。

③ 王国维：《论政学疏稿》（1924年），《王国维全集》，第14卷，浙江教育出版社、广东教育出版社2009年版，第212页。关于近代中国走向"道出于二"，可参见罗志田：《近代中国"道"的转化》，《近代史研究》2014年第6期。

欲借西法以重构经学，不啻在拆毁自己的大本营。而对立的一面在卫教的同时，其实也改变了道。[①]重要的是，由于教的调整溢出传统轨道，政的评判标准也与此前大相径庭。

李大钊曾说："平心论之，清室非有凶暴之君。"[②]若按中国传统的标准，清廷在最后一段时间的作为，似尚未达到历代亡国之君所表现的荒谬程度。但在指导性的"道"大变的语境下，"失道"不一定明显地落实在横征暴敛等具体的政治行为之上。近代中外竞争常以中国一方的失利结束，依据以战争"胜负决文野"为代表的西式"新道"标准[③]，每一次军事的和非军事的挫败，都是体制已出问题的象征。这样一次次的失败，因"证据"的不断重复而达到不证自明的"失道"效果，任何政权都很难承受。所以在连续受挫后，朝廷特别需要"证明"自己可以在近期改善局面，故试图推动更有力更有效的变革，以"说服"世人仍对其寄予希望。

然而清季主政者需要面对的大多是名副其实的"新问题"——新政处处要求一个大政府的作为，实非既存小政府治理

① 说详罗志田：《能动与受动：道咸新学表现的转折与"冲击/反应"模式》，待刊。

② 李大钊：《政治对抗力之养成》（1914年11月），《李大钊全集》，第1卷，李大钊研究会编，人民出版社2006年版，第104页。

③ 康有为关于"各国强弱视物质之盛衰为比例"的说法就是"优胜劣败"说深入人心的一个表征。康有为：《物质救国论》（约1905年），《康有为全集》，第8集，姜义华、张荣华编校，中国人民大学出版社2007年版，第80页。

模式所能应对，朝廷的确是心有余而力所不能及。由于不善因应这类新问题而致事倍功半，难负民间期望的朝廷又不得不接受新的“失败”，意味着进一步的“失道”。可以说，小政府的无能为力和执政者被构建出的“失道”作为，共同刺激了士人和民众的不满，最终促成了革命，并让革命相对容易地获得成功。

当然，朝廷也确有突破性的“倒行逆施”表现，如与“怪力乱神”的正式合谋而致八国联军入侵的大败，就是其合道性的一个重要转折。[①] 梁启超曾列举八条触发辛亥革命可能性之缘，从东南互保开始的“第三项至第八项，皆为义和团业报所演，同时即为辛亥革命之亲缘或间缘”。[②]

清廷引入异端的行为，让其“异族”的属性重新进入读书人的视野，“种族观念”逐渐郁积，并与西来的民族主义思潮合流。在我们的史学言说之中，辛亥革命前民族主义与反满的密切关联，是一个因后人讳言而未曾予以足够关注和思考的重要因素。[③] 此后中国思想和政治的很多变化，其实都与此相关。

朝廷并非没有意识到这一点，所以在新政中“平满汉畛域”

① 参见罗志田：《异端的正统化：庚子义和团事件表现出的历史转折》，《裂变中的传承：20世纪前期的中国文化与学术》，中华书局2009年版，第1—33页。

② 梁启超：《中国历史研究法》（1922年），《饮冰室合集·专集之七十三》，第123、126—127页。

③ 参见章开沅：《辛亥革命时期的社会动员：以“排满”宣传为实例》，《社会科学研究》1996年第5期；〔美〕路康乐：《满与汉：清末民初的族群关系与政治权力（1861—1928）》，王琴、刘润堂译，中国人民大学出版社2010年版。

被反复强调，且多有实际的举措，以修复朝廷自庚子起已逐渐丧失的统治合道性。但这种种努力因辛亥当年“亲贵内阁”的出现而落空。清廷此举或也受到外来的民族主义观念影响，却大大增强了“驱逐鞑虏”这一口号的动员力量。革命党方面之所以特别强调明末的历史记忆，部分也由于现实中满汉对立并不甚严重，但因得到朝廷的“鼎助”，原本颇具悬想意味的动员口号遂有了切实的证据。

梁启超稍后指出，政府就是“制造革命党之一大工场”，并从“以消极的手段间接而制造”发展到“以积极的手段直接而制造”，可谓画龙点睛之笔。“种族问题”就是这样被朝廷制造出来，并成为革命的导火索。梁启超虽视种族问题为制造革命的“从因”（“主因”是政治腐败），却承认“其力之所披靡，视主因犹或过之”。盖种族有感情成分，“政治上之利害，非尽人所易明。故就政治而言革命者，其受动之人也少；一旦因联想以及于种族，则于脑识简单之人，不烦理解，小煽即动”。[①]

不过，即使没有朝廷的帮忙，非我的“鞑虏”本身也为一个充满失败和屈辱的时代提供了非常合适的替罪羊。它卸载了很多原本加在中国文化之上的责任，也提示了毕其功于一役的现实可能，正如以“专制”名的帝制承载了众多失败的责任一样。然

① 梁启超：《现政府与革命党》（1906年），《饮冰室合集·文集之十九》，第45—47页。需要注意的是，当时说的“政府”往往是指实际管事的军机处等，不一定是今日意义的政府。

而，当此“一举”所造成的改变不那么明显时，很多人在追问缘由的过程中转而重新思考“鞑虏”背后那更长远的体制，回归——复辟和称帝皆是某种回归——是追问的一种结果，进而质询体制背后的文化是追问的另一种结果。

德里克（Arif Dirlik）认为，辛亥年“君主政体的崩溃，使得儒学丧失了一千年以来的制度基础”，同时也“赤裸裸地将儒学意识形态暴露为中国问题的根源”。其实革命前“儒学所支撑的官僚君主制已经无法应对欧美资本主义带来的前所未有的挑战，以及这些挑战所引起的内部社会巨变”。但那时责任尚可由帝制承担，而在后帝制的“五四”时期，没有了替罪的制度，新一代知识人就认为儒学“应对中国社会最基本的政治与社会问题负责”，于是开始全面反传统。①

然而“欧美资本主义带来的前所未有的挑战”，亦即通常所说的西潮冲击，恐怕才是造成问题的根源。自带正当性的西潮很快改变了很多中国人对政治的认知，朝廷失道的构建也获得了新的思想资源。如梁启超所说，“同一政治也，有在昔不以为腐败，而在今以为腐败者”，就是根据新来的“近世学说”而渐知政府“当负若何若何之责任，其不尽此责任者，即腐败”；又与他国政治比较，知我之政府不如人之政府，遂进一步确认了腐败的存

① 参见〔美〕阿里夫·德里克主讲：《后革命时代的中国》，李冠南、董一格译，上海人民出版社2015年版，第103页。

在。中国人“既已习闻先圣昔贤诛民贼、仇独夫之大义，又熟睹欧美近世史奋斗决胜之成效，故革命思想不期而隐涌于多数人之脑际”，一旦“有导之者，则横决而出焉”。[①]

这是革命前的预言，却也成为革命后的认知。蓝公武后来就说：“专制君主的害毒，在中国行了几千年，并没有人觉他不合理，拿来成一问题。及至最近数十年，西方的思想输入，人民有了比较，起了反省，即便成了极大的问题，产生出这辛亥革命的大事件。”[②]

正因西潮冲击造成中外竞争的新局面，清季朝野面临着政治方向、政治结构和政治伦理的根本变革。革命的突然发生，及其顺利到几乎轻而易举的成功，在很大程度上反映了这种需要根本改变的愿望和不能不有实际改变的必要。梁漱溟就曾慨叹“这么一个大的国家，几百年的统治，一转移间即被推翻”了。[③] 然而革命的迅速成功或也部分掩盖了需要实际变革的幅度，特别是政治结构背后那政治伦理的根本转变。

从长远看，在西方主导的所谓世界体系里，中外竞争的重要性是不言而喻的。但在庚子后，“门户开放”的主张得到各国普遍承认，在华帝国主义的均势观念大致形成。中国其实有着相对

---

① 梁启超：《现政府与革命党》（1906年），《饮冰室合集·文集之十九》，第46—47页。

② 知非：《问题与主义》，《国民公报》，1919年7月24日，第5版。

③ 梁漱溟：《乡村建设理论》（1937年），《梁漱溟全集》，第2卷，山东人民出版社1990年版，第221页。

和缓的发展机会和时间。然而不少时人却更多看到了干涉和瓜分的当下威胁，让远虑成了近忧。或可以说，富强要求的紧迫性部分是人为形成的，而这类认知上的紧迫感又影响了朝野的行为。尽管新的世界一体化使得朝廷的统治正当性越来越具有外向性，得民心即得天下的传统政治伦理并未退隐，两者间有着明显的紧张。然而在戊戌以后，外向的统治正当性也渐成相当一部分人的诉求，使两者的紧张反倒成为“民心”之内的紧张。

假如没有西方的影响，清朝或不会那么快灭亡，即使灭亡也不过是易姓而产生一个新的朝代，但这一次却是“家天下”体制的结束和一种全新政治体制的开始。对接受了西方观念的后之研究者而言，这可能是一个并不意外的逻辑结果。但对当时多数中国人来说，鼎革造成的“民国”这一共和政治体制恐怕比其所推翻的政权更具异质性，也带来更广泛的挑战——这个当时多数人并不了解的新体制的确是前所未闻的。若返回时人之旧心，我们或不宜像有些论著那样把共和取代帝制视为一个顺理成章的“正常”结果。

需要探索的是，为什么时人并不因其对共和的不了解而疏远它，反而以一种面向未来的乐观心态迅速接受了这个众所不知或所知甚少的新体制。当《清帝逊位诏书》被迫确认“今全国人民心理多倾向共和”时[①]，起草者和批准者恐怕和被代为表述的“全

---

① 《清帝逊位诏书》,《清实录·宣统政纪》，总第60册，中华书局1987年版，第1293页。

国人民”一样，都不太了解什么是共和。但这并不能否认那些愿意或能够代人民立言的人确实相信共和优于帝制，而中国会有一个更好的未来。在某种程度上，这就是个以憧憬否决现状的抉择。其背后当然有西潮的影子，但那时全世界并无几个共和国，真正显得成功的似仅有美国一家，而欧洲的富强典范其实仍皆帝制。以寻求富强为目标的中国人何以愿意选择一个尚在历史证明之中的体制，需要更有说服力的解释。

以憧憬为基础的抉择，其后果颇具诡论意味：革命是以反满为号召的，但鼎革之后，不再是革命目标的满族立刻得到了宽宥，倒是华夏正宗的经典等中国传统的基石被正式逐出教育体系。就连清季与革命党关联密切的国粹论述，在民初也可见明显的中断。学术，特别是国人真正熟悉的传统中国学术，在相当长一段期间基本淡出思想言说的中心，而“国粹”反倒成为趋新者进攻的目标。反满终止了，反传统则变本加厉。最值得反思的是，不论是那时的当事人还是后世的学者，皆视此为正常现象！

如果反满更多是工具性的，反传统显然不是，而是直抵中国文化的根本。梁启超曾说近代中国士人对西方的认识经历了一个从器物到政制再到文化的过程，也就是逐步认识到中国在这些方面都不如西方。他把这称作“学然后知不足”的“觉悟”[①]，却也是一个可能走向全盘西化的思路。更实在的状况可能是，因为

① 梁启超：《五十年中国进化概论》（1922年10月），《饮冰室合集·文集之三十九》，第43—45页。

憧憬并未迅速变为国人期望的美好现实，于是何者“应对中国社会最基本的政治与社会问题负责”的追索，就不能不寻找新的答案。武力的辛亥革命被认为名实不符，而新文化运动则开始被相当一些人寄望为“真正的革命”。戴季陶说得很明白，如果不想亡国，就“只有猛力做新文化运动的工夫”。[①]

从成为亚洲第一个共和国的自豪到重新思考“亡国”的可能性，不过七八年时间而已。帝制到共和的转变或能解决上述政治方向、政治结构和政治伦理的全方位问题，但需要一个较长的过程，不会完成于标帜性的制度转变之当时。尤其这样一种根本性的制度转变，其影响涉及从政治到生活的方方面面。故民初政权的执掌者和广大被统治者，都是这一大变革的当局者。时人对鼎革的充满希望和疾速失望，多少都因为没有充分认识到真正需要的改变有多大。总统袁世凯及其后的所谓北洋政府，固未曾认识到转变的全面性，当时很多政治家、思想家亦然。甚至我们这些后来的研究者，也带有相似的倾向。

胡适后来认识到，要“在一二十年的短时间里建立一个民主体制”，是不可能的。[②] 然而进一步的问题是，“建立一个民主体制”真是辛亥革命的目标吗？有些人认为是的，稍早梁启超就曾

---

① 戴季陶：《我和一个朋友的谈话》，《星期评论》第17号（1919年9月28日），第4页。

② Hu Shih, “Broadcast, New York World’s Fair, October 10, 1939”，周质平编：《胡适未刊英文遗稿》，（台北）联经出版公司2001年版，第109—112页。

提问："辛亥革命本悬拟一'德谟克拉西'的政治以为鹄，曷为十年以来适得其反？"[①] 但身与革命的戴季陶指出，革命时"标榜民族革命的人最多"，甚至"在三民主义旗下的人，大都是一民主义"，即"以排满复仇主义作材料制造出来的"，而民权、民生二主义，都被民族主义遮蔽了。[②] 高一涵也明言，辛亥革命"是以种族思想争来的，不是以共和思想争来的"。[③] 他们的意思很明白，"'德谟克拉西'的政治"，至少不是革命参与者的当下目标。

在中国的传统中，革命本是一个正面的名词。革命者不利用传统的思想资源而借助外来的主义以强化革命的正当性，表现出辛亥革命有一定的输入特色。如梁启超所说，辛亥革命这一"史迹集团，其空间自当以中国为制限，然非知欧、美、日本近数十年学说制度变迁之概略及其所予中国人以刺激，则兹役之全相，终不可得见"。[④]

晚清的数次改革，直到最后几年的立宪，可以说都是以摹仿为主的外向型改革，都是想要改善中国在世界的地位。此后的辛亥革命，仍基于类似目的，即很多人认为这个朝廷不能让国家富

---

① 梁启超：《中国历史研究法》(1922年)，《饮冰室合集·专集之七十三》，第122页。

② 戴季陶：《国民革命与中国国民党》(1925年)，黄埔中央军事政治学校政治部宣传科1927年版，第17页。

③ 高一涵：《非"君师主义"》，《新青年》第5卷第6号(1918年12月)，第551页。

④ 梁启超：《中国历史研究法》(1922年)，《饮冰室合集·专集之七十三》，第119页。

强，以在世界上取得一个更好的地位，所以必须革命。[1] 在某种程度上甚至可以说，那众所少知的共和，在有些人眼里也是实现这个主要目标的一个手段。从这样的民族主义视角来反观辛亥时的“一民主义”，或更能理解“排满复仇主义”在制造革命方面的工具性意味。

不仅革命本身不全是为了解决内在的问题，在清季最后几年形成的泛革命思潮中，革命渐从不得不行的解除痛苦的被迫手段转变为主动寻求美好未来的正面努力。[2] 正是这样一种面向未来的广义大革命观念，推动了一些人走向革命，让更多的人接受了革命，后来又导致很多读书人对辛亥革命之后的变化不满。

进而言之，上述从改革到革命一以贯之的接续，在古今中外实不多见。这也提示我们，像辛亥革命这样的重大历史事件，不必局限于其本身的始终，而需要从稍长的时段来看待、观察和理解，至少涵括辛亥前后各十年的演变，或可更广义地认识共和取代帝制这样一个以千年计且处于持续发展中的大变化。

革命前的因缘略如上述，就革命后言，不赞成革命的梁济一

---

① 参见罗志田：《国家目标的外倾——近代民族复兴思潮的一个背景》，《近代史研究》2014年第4期。

② 参见罗志田：《士变：二十世纪上半叶中国读书人的革命情怀》，《新史学》第18卷第4期（2007年12月）；罗志田：《与改良相通的近代中国“大革命”》，《社会科学研究》2013年第5期。

度以为“革命更新，机会难得”，可借机舒缓社会矛盾。[①] 他甚至提出，“辛亥革命如果真换得人民安泰，开千古未有之奇，则抛弃其固有之纲常，而应世界之潮流，亦可谓变通之举”，是可以接受的。[②] 但民初几年的实践表明制度转换并未换得人民安泰，使他不能接受。[③] 杜亚泉也把辛亥革命视为立宪的延续，却在民国二年发现“立宪之前途尚远”，于是充满悲观。[④] 丁佛言的观察提供了一种解释，他认为革命的当下影响是“立宪之事，消于无形；共和之声，震人耳鼓”。[⑤] 似乎鼎革是以一个较为虚悬的共和遮蔽了相对实在的立宪——两者虽有共性，却也并不一致，在操作层面甚或存在紧张。

尽管革命后的失望是共通的，却反映出革命前的诉求是多元的——梁济向往的“人民安泰”是较传统的，而杜亚泉想要的“立宪”则是偏西方的，这些不同的诉求构成了共同的失望。这类迹象既展现出民初政局的脆弱，也表明一些人本以试验的眼光看待共和，而不视当时的政治状态为定局。这样的眼光不可忽

---

① 梁济：《别竹辞花记》，《桂林梁先生遗书》，梁焕鼐、梁焕鼎编，（台北）文海出版社1969年影印版，第438页。

② 梁济：《〈上内务部恳准退职书〉书后》，《桂林梁先生遗书》，第344页。

③ 说详罗志田：《对共和体制的失望：梁济之死》，《近代史研究》2006年第5期。

④ 杜亚泉等：《辛亥前十年中国政治通览》，周月峰整理，中华书局2012年版，第13页。

⑤ 丁佛言：《论最近政治上国民心理之变相》，《中华杂志》第1卷第1号（1914年4月），第2—3页（文页）。

视。我们或可借鉴他们的思路，从发展中的“正在进行时态”来认识革命本身，并反观革命前的改革。

这本小书的远因，是很多年前清史工程的“通纪”组邀我参与，撰写清末的最后十年。后因一些原因没能继续。不过这段历史我自己本也关注，相关材料一直在看。更近的动因则是辛亥革命100周年时，《近代史研究》约我写一篇文章。兹事体大，幸此前已有一些较广的思考，故虽仓促为之，也希望尽量写得好一点。结果写作进展缓慢，到第二年才完成上篇和中篇，第三年才交出文章的下篇，写了差不多十万字，竟然还没触及革命本身，实在惭愧！不过也因此开始动手写一本从革命前后看辛亥革命的专书，各章的内容基本成形，粗稿也已超过三十万字了。然而后来因其他文债而游离开去，很长时间都没能回来。今年又是辛亥革命110周年了，那书一时完不了，遂将已刊旧稿略事整理，先行出版，以示纪念。

全书大体写到以立宪为表征的革政[①]已被“证明”为无效，很难再与革命竞争，反而逐渐转化成革命的助推器。其后革政与革命的竞争，以及革命本身的构建，都有并不简单的发展进程，

---

① 按“革政”乃“齐诗”（汉初齐人辕固生所传诠释《诗经》的一派）的术语，与“革命”同为“五际”之一阶段，多少也有竞争选项之意（参见章太炎：《论学会有大益于黄人亟宜保护》，《章太炎政论选集》，上册，汤志钧编，中华书局1977年版，第13页），时人多从此竞争角度言革政，不过那时也有一些人把“革政”当“革命”的同义词用，就像有人把“改革”当“革命”的同义词用。

需要专文探讨。然也因为后面这些重要内容都还没有表出，反成就本书的一个特色，就是展现清季自上而下的改革怎样走向自下而上的革命——

当民间和疆臣不约而同地呼吁开国会时，已提示着包括士和大夫在内的读书人群体对自上而下改革模式的质疑。这不是一个小的转变，如果“得君行道”式的改革之路走不通，就只能转向一条完全不同的道路，即自下而上：或走向地方，侧重自治；或走向国民，选代表、组政党、开国会。两者当时皆有所表现，后者远更显著。简言之，改革成败的重心，从朝廷转向了人民。那时所谓地方自治，本是一条缓不济急之路；若国会开不成或开而不能解决问题，革命这一选项便逐渐成立。则革命不仅呈现出正当性，其可行性也与日俱增。而实际革命的爆发，也就可以计日而待了。

2021年8月8日

于青城山鹤鸣山庄

目　录

清季十年一向是中国“近代史”研究的重点，至少就中文世界而言，研究更多集中在“革命党”方面，论述内容包括革命思潮的兴起、“革命派”“保皇派”和“立宪派”之间的斗争、革命党的发展及其内部分歧等。而中国大陆的一个研究重点，则是辛亥革命时期“资产阶级”的形成与特点。近些年研究倾向已有所改变，社会史和文化史的研究较热，而政治史的研究相对较冷。不过，这一时段研究最主要的缺失，仍是更多注意朝野的“对立”，且多出以批判性的论述；[①] 对当时中央和地方政府举措则研究偏少，考察政府试图以变革来维持既存体制的努力和作用的更少，而对既存体制内的朝野共同行动，关注尤少。[②]

就时人而言，当时需要解决的问题，朝野有哪些共识，或在多大程度上取得共识，非常需要厘清。对史家而言，窃以为这一时段最需要回答的问题是：清廷并无太多特别明显的暴戾苛政和“失道”作为，至少不到历代亡国之君作为的荒谬程度（如果此

---

① 如新政改革是朝廷“欺骗”人民，就是一个长久不衰的论题。

② 近年虽有一些较为扎实的新著，如桑兵的《庚子勤王与晚清政局》（北京大学出版社2004年版）和李细珠的《张之洞与清末新政研究》（上海书店出版社2009年版），仍未改变基本的趋势。

前关于改朝换代的历史叙述大致是确实的）；[1] 在朝廷没有过分倒行逆施的情形下，何以会发生革命？清朝何以那样快就崩溃（或革命何以能轻易而迅速地取得成功）？简言之，辛亥革命爆发于朝廷正以前所未有的速度和广度推行全面改革之时，而革命却能较为轻易地速成，则改革与革命的互动，究竟是一种怎样紧张和冲突的竞争关系？

要回答这些问题，首先要认识那场革命本身。裴宜理（Elizabeth J. Perry）教授近年提出，应把革命带回（bringing the revolution back in）中国政治研究。[2] 她说的主要是1949年后的中国政治，窃以为1949年前的中国史亦然。关于辛亥革命，周荫棠曾提出，历史上的改朝换代，除体制内的“篡位”、地方割据者的坐大和异族入主外，多是起于草野的“民变”；而“清朝的灭亡，不是由于挺而走险的民变，乃是由于激于大义、处心积虑、具有计划的士变”。起事的革命党人，多是“白面书生”。简言之，同样是造成政权更替，辛亥革命在中国历史上有一与前不同的特色，即为“士变而非民变”。[3]

---

① 大陆历史教科书常说的“土地兼并急剧”和“阶级矛盾激化”一类现象，此时并不多见。即使作为新经济因素的工商业，似也未曾引起类似的激变（但迅速上升的新经济因素对社会的冲击，确应进一步探讨）。

② Elizabeth J. Perry, “Studying Chinese Politics: Farewell to Revolution?”, *China Journal* (Canberra), No.57 (Jan. 2007), pp. 1–22.

③ 周荫棠：《中国历史的一个看法》，《斯文》第1卷第15期（1941年5月1日），第17页。

这是一个很有启发性的见解。过去对革命的研究，多循“有压迫就有反抗”的揭竿而起的思路，相对侧重被动的一面；而所谓“士变”式的革命，则可能是一种思想领先、主动而非被动的革命（对革命者来说，如果革命本是“应当”进行的，便无需受到多深重的“压迫”）。[①] 当然，这不必是全局的解释，或许仅是那次革命的特色之一。然既有此特色，则士人的心态，他们对朝廷、对世局、对世界的认知，就都是认识这次革命的重要因素。

进而言之，革命和改革可能是为了一个相同或至少相近的目标——即通过根本性的政治转型来改变中国在世界的地位。而改革与革命演成对立的态势，并最终被革命取代，或不必是目标的歧异，转可能是对达成目标的方式、甚或更多是达成目标之速度的歧异。曾有一种流行的看法，因为改革不成功（过去更爱说是朝廷以假改革欺骗人民），所以不能不革命。持这一说法者，在潜意识中恰以为两者的目标相近或相同，提示出这一思路早已存在，甚可参考。

梁启超后来总结说，一个历史事件的发生，“有可能性谓之因，使此可能性触发者谓之缘”。史事之“因缘果报，恒复杂幻变至不可思议”，必“深察而密勘之”，解释才不至于谬误。就辛亥革命而言，“国人种族观念之郁积、晚清政治之腐恶及威信之

① 其实，更宏阔的20世纪中国革命，也多少带有“士变”的意味，参见罗志田：《士变：二十世纪上半叶中国读书人的革命情怀》，《新史学》第18卷第4期（2007年12月）。

失坠、新思潮之输入等等，皆使革命有可能性，所谓因也；铁路国有政策之高压、瑞澂（时任湖广总督）之逃遁、袁世凯之起用，能使此可能性爆发或扩大，所谓缘也”。[①]

借助今日的后见之明，梁氏所说的因缘，或代表了一些同时代人的认知，然多为表面的现象。对于这样一个从帝制到共和的“五千年以来之大变”，[②]应当有更深一层的梳理、分析和诠释。[③]也只有这样，才能真正认识到辛亥革命的历史作用和历史意义。尽管清廷在最后十多年中也有一些明显的“失道”作为，整体上似仍不到历代亡国之君的程度，则辛亥“士变”的发生，便有着更为根本的因缘：

种族因素得到革命党方面特别的强调，固有其实际存在的背景，很大程度上也可能是因为以汤武革命的传统观念来论证造反的正当性依据不足；时人特别重视的官僚体制的积重难返，当然具有重要的作用；而帝国主义的全面入侵及外国在华存在（foreign presence in China）成为中国权势结构的一部分所造成的权势结构巨变，更是一个必须思考的关键因素。最具根本性的，

---

① 梁启超：《中国历史研究法》（1922年），《饮冰室合集·专集之七十三》，第123页。

② 杜亚泉：《十年以来中国政治通览·通论》，《东方杂志》“刊行十年之纪念增刊”，附在第9卷第7号（1913年1月）之后，第1页。

③ 参见Joseph W. Esherick, “How the Qing Become China”, in Joseph W. Esherick, Hasan Kayali and Eric Van Young, eds., *Empire to Nation: Historical Perspectives on the Making of the Modern World*, London: Rowman and Littlefield, 2006, pp. 229–259。

是在从所谓大一统到列国并立的世局下，[1]一个推行了数千年的小政府政治模式，被迫走向必须展现政府作为的“富强”新路；而与之伴随的政治伦理，也面临着前所未有的挑战。

近代中国因西潮冲击造成中外竞争的新局面，朝野均面临着政治方向、政治结构和政治伦理的根本变革。对清末十年而言，最根本的一个问题，就是体制或结构是否改变、怎样改变以及以什么样的速度改变。正是由于制度的困境，使新政带有自毁的意味——由于改和革的一面不断加速，而建设的一面无法跟随，终造成旧建制已去而新建制更多仅存于纸面的现象，逐渐发展成不可收拾的局面。更由于政治伦理的真正转换远不如条文制度那样可以速成，政治体制的转型便遇到进一步难以逆转的困境，终不得不让位于被认为更迅捷更有效的革命。

革命的因缘如此复杂，必须从超越于压迫和反抗的其他方面做进一步的研究。本书试将辛亥革命前的制度困境和民国代清

---

① 我想说明，大一统不是只有一国，其不以“国”为基本的思考单位，却自视为“中国”，也承认“外国”的存在，实质上仍是列国并立。由于其向不重权利，所以并不强调平等，更多可以说是一个有主次的“国际”关系体系。它以开放性的夷夏之辨理论为思想资源，至少从明代起在今日所谓东亚、东南亚这块相当广泛的土地上推行了数百年之久。这一大致维持了周边和平的秩序体系，为各方所大体接受的时间最晚也早于西方的威斯特伐利亚体系，而行使的地域也不更狭窄。只是在中国人被西方改变了思维方式后，才从我们的历史记忆淡出。这些问题我会另文探讨，一些初步的看法，曾在“中国与东亚秩序的变迁”研讨会（清华大学当代国际关系研究院，2010年12月11日）上表述。

的转折意义置于近代中国发展走向和中外互动的大框架中作一概论性的申述。因系概论性质，一些以史事为主的论证当俟诸另文（有些已在他处详论的相关看法，也仅点到为止）。我想说明的是：本书只是涉及辛亥革命一些特定层面的看法，不过是许多诠释中的一种，无意取代或推翻任何既存的解释和认知，尤其无意挑战关于辛亥革命之性质及其经济、社会基础的既存言说；只希望说明此前的清季十年还有一些我们认识不够的面相，期借此增进对从帝制到共和这一巨变的理解。

一、近代权势结构的转变

中国“近代”与历代最根本的不同之处，即外力入侵造成了既存权势结构的巨变（这里所说的“权势结构”不仅是政治的、军事的和经济的，也包括社会的、心理的和文化的，是这些众多因素的合力所促成）。外国在华存在（the foreign presence in China）通过条约体系所建构的间接控制，既体现着一种外在的压迫，其本身又已内化为中国权势结构的直接组成部分。故即使是纯粹内部的“改朝换代”，任何对既存权势结构的挑战，都会涉及帝国主义列强的利益，实际也构成对条约体系的冲击，致使中国内争和外力的纠结和互动远甚于他国。

而外国在华势力成为中国权势结构的一部分，也越来越为中国人所认识到。庚子年间，清政府援引义和团以对抗外国，部分即因其感到列强对中国内政的干预过分深入。1905年，袁世凯等六疆臣要求立停科举的奏折明言，废除推行了千年以上的科举制，也是要对外国人有所交待，希望借此取信于外人，改变外人对中国的观听，以换得其“推诚相与”。① 这一对外取向与庚子年间截然相反，却同样提示出来自外国的影响和压力。正如次年一份四川办学纲要所注意到的：中外“交通既久，几于无事不与外

① 袁世凯等：《奏请立停科举推广学校折》（光绪三十一年八月初二），《故宫文献特刊·袁世凯奏折专辑》，（台北）故宫博物院1970年版，第1991页。上奏者包括北洋大臣直隶总督袁世凯、盛京将军赵尔巽、湖广总督张之洞、署两江总督周馥、署两广总督岑春煊及湖南巡抚端方。

人为缘”。[1] 芮玛丽（Mary Wright）后来有类似的认知，她表述外国在华存在的术语，即外国无所不在（the foreign omnipresence in China）。[2]

恰因其无所不在，外国权势的影响力，有时体现在直接的干预之上，有时体现在间接的进言之上，有时甚至不必有什么主动的作为——外国的“存在”本身，就可以发挥影响。“列国并立”与“大一统”最大的不一样，就是有了作为参照系的“他人”（the other）因素之存在。外人的“观听”固然直接影响着中国的政局，外国政教模式的存在，尤其是日益成为“正确”或成功的典范，也在很大程度上间接影响着中国朝野的走向。

从郭嵩焘在英伦看见“三代之治”开始，外国参照系就已成为“证明”中国成败的重要指标。随着中国读书人被西方改变思想方式进程的发展，西方越来越具有可以取代“三代”的地位，[3] 而俄国和日本则扮演着学习胡服骑射而称霸的赵国角色。因此，尽管中国的改革不断扩充不断加速，只要可资对比的“他人”发展突飞猛进，同样可以使本土的变化相形见绌；由于希望太美

① 《四川奏定致用学堂办法纲要》，《北洋学报》，丙午年（1906）第20册，学界纪要第1页。

② 参见Mary Wright, “introduction”, in idem ed., *China in Revolution: The First Phase, 1900–1913*, New Haven and London: Yale University Press, 1968, pp. 54–58。

③ 与“三代”一样，这新来的参照系从一开始就充满了想象的意味（因为此前大家既不想知道也确实不知道西方的真实情形），且凡被援引，往往带有对现状不满和批评的意思。

好，实际变化虽大，而不如所希望的那样大，结果仍然导致强烈的失望。换言之，由于西方的“优越”在很大程度上是被灌输的或憧憬出来的，清季那种“中不如外”甚或“今不如昔”的感觉本身，也可以是构建出来的。

黄遵宪在20世纪初年就注意到了中外对比的严重性。他说，欧洲近代革命，是因其中古“政治之酷，压制之力，极天下古今之所未见”，再加上“赋敛之重，刑罚之毒”，而又“教化大行，民智已开；故压力愈甚，专制力愈甚，其反动力亦愈甚”。中国的专制，其实没有中古欧洲那样厉害。假如“时非今日，地无他国，无立宪共和之比较，乃至专制之名，习而安之，亦淡焉忘”。然而现实恰是：时在今日，地有他国，出现了立宪共和之比较，出现了国民、民权、“民约”（特指卢梭所言）、类族（即后所谓民族主义）等新观念，甚至输入了国家本“为国民、由国民”（for the people, by the people）的新义。[①]

这是极有洞察力的睿见，没有西潮的入侵，清季很多问题或不会发生，或不被发现（很多现象，不想去看就会视而不见，有中外对比然后得以凸显）。同时，中外的对应也使很多原本可以分别思考和处理的具体事物整体化，助长了整体解决的思路。康有为的《日本变政考》一开始就说：在“万国交通，争雄竞长”

---

① 黄遵宪致梁启超，光绪二十八年十一月，《黄遵宪集》，吴振清、徐勇、王家祥编校整理，天津人民出版社2003年版，第508、510页。

的时代，“不能强则弱，不能大则小，不能存则亡，无中立之理”。[①] 万国争雄的成败，隐喻着中外竞争的未来。在这样一种“不存则亡”的二元对立思绪之下，为了制胜，更不得不向竞争对手甚或侵略者学习。

1905年以中国为战场的日俄战争，改变了世界对黄种人作战能力的看法，也改变了东亚政治的权势格局。而作为战场主人的中国却宣布了“局外中立”，更是世界历史上少见的特例（从中国传统看是失道，即失去了统治的合道性；从新引进的西方国家观念看是不能捍卫主权，也失去了执政的合法性）。同时，日俄战争的胜负，以实例向中国人“证明”了立宪优于专制，也就结束了以俄国还是日本为学习典范的长期争议。

康有为在戊戌维新期间即曾说，各国有“自大而小、自强而弱、自存而亡者”；也有“自小而大、自弱而强、自亡而存者”。前者“皆守旧不变，君自尊，与民隔绝之国”；后者“皆变法开新，君主能与民通之国”。具体言，“自小而大者，俄罗斯是也；自弱而强者，日本是也”。尽管他认为“其效最速，其文最备，与我最近者，莫如日本”[②]，但他还是把学俄国也列入选项。对于学日本还是学俄国，朝野一直有争议。盖中日同文，而中俄同大；日本毕竟是岛国，似不甚可效仿。然而到日俄战争后，《申

① 康有为：《日本变政考》（1898年），《康有为全集》，第4集，第10页。
② 同上书，第103—104页。

报》即说："日俄之胜负分，而立宪专制之胜负亦自此定。"中国人因而醒悟，"朝廷上始有立宪之议，于是有五大臣出洋考察各国政治之举"。[①]

类似看法较为流行，孙宝瑄稍后也认为，日本战胜，"非日本之胜，乃世界立宪政体之胜"。[②] 林白水后来说："朝廷推求俄、日胜败之故，乃悟专制政治之结果，国虽大无当也，因是遂有立宪之议。"[③] 他所说的"国虽大无当"，既指俄国，也可以是自况，那的确是一个时人相当关注而后人较少提及的重要因素。既然政治体制的重要超过了国土面积，俄国也就淡出了中国的学习典范之列（到"二十一条"以后日本失去了榜样的资格，以俄为师的观念又重新回到中国人的意识之中）。

然而，此前康有为还把两国都列为"君主能与民通"的变法开新范围，如今日俄却分别成为"立宪"和"专制"的代表；不过几年，与其说是两国自身政治的变化，不如说是中国人观察的眼光转变了。《申报》的即时观察，仅联系到五大臣的出洋考察宪政；林白水的事后分析，则明言其与立宪的关联。两皆由外及内，最能体现"外事"与"内务"的关联已进入一个纠结难分的层次。

---

① 《论五大臣遇险之关系》，《申报》，1905年9月28日，第2版。

② 孙宝瑄：《忘山庐日记》，1906年9月23日，下册，上海古籍出版社1983年版，第922页。

③ 宣樊（林獬）：《政治之因果关系论》（1912年1月），《辛亥革命前十年间时论选集》，第3卷，张枬、王忍之编，生活·读书·新知三联书店1977年版，第763页。

如前所述，权势结构不仅涉及政治、经济、军事等实在的领域，文化、思想领域同样重要。康有为当时观察到，庚子后“人心大变”，实“二百年所未有”。关键在于，“向者不过变自小民，今则变自士夫矣”；以前士人“犹望复辟之自强，今则别谋革命自强”。[①] 盖外国不仅提供了改变的榜样，还始终在努力参与并试图指引改变的方向。读书人的思想方式在西方引导下发生转换，遂成为一种难以逆转的剧变。

王国维后来指出：“自三代至于近世，道出于一而已。泰西通商以后，西学西政之书输入中国，于是修身齐家治国平天下之道乃出于二。”[②] 这是一个根本性的转变，“道”本应是普适于天下即全人类的，既然西方自有其“道”，则中国的“道”也就成为中西学区分下的一个区域成分了。过去即使在改朝换代之时，很少有士人对基本的纲常礼教产生怀疑。由于出现了中外的对比，形成了道出于二的语境，则中西之道都成为可能的选项。更因黄遵宪所引述的新观念大都被树立为“正确”的标准，中国“专制”的可恶和可怖，更得以凸显。所以黄氏认为，当时的“坏劫”和“厄运”，乃“由四五千年积压而来，由六七大国驱迫而成”。但比较起来，“今日大势，在外患不在内忧”。[③]

---

① 康有为：《答南北美洲诸华商论中国只可行立宪不能行革命书》(1902年5月)，《康有为全集》，第6集，第332页。

② 王国维：《论政学疏稿》(1924年)，《王国维全集》，第14卷，第212页。

③ 黄遵宪致梁启超，光绪二十八年十一月，《黄遵宪集》，第510—511页。

很多时候，西方也并不掩盖直接以掠夺方式攫取利益的野心。故其不仅提供了变革的思想资源，也以其行为证明着帝国主义的存在，并提示了对抗西方的思想武器。从19世纪后期开始，凡与中央不保持一致的地方督抚，大体都得到列强的支持。而清季、北洋到国民党三政府都发现，租界始终起着“庇护”叛乱者的作用，尽管作用和程度不同（详另文）。基本上，中国士人对西方观念和行为的接受每进一步，他们对西方的不满也增进一层：中国人因接受西方观念而重视主权，而主权的重要性一旦凸显，此前一些可能是主动“丧失”的东西就变得重要，遂不能不“排外”。外国司法观念的逐步接受，也就意味着对治外法权的不满。报刊和电报、铁路等既增进了全国意识，也较前远更迅速地传播着任何一种中外不平等的事例。走向富强的西式改革需要大幅增加支出，被外人掌控的海关收入便引人注意。

可以说，从晚清开始，外国对中国事务的参与程度极深，而影响也特别广泛。这样一种与前相当不同的历史局面，既是辛亥鼎革的语境，很大程度上也是其发生的原因。充分认识到这样一种权势结构的转移，有助于理解清朝的颠覆。

日俄战争后仅一年，朝廷新设的政务处就“议饬各部院衙门均在本署内添设仕学馆一区，谕令各司员娴习应办公事，并研究西学政治外交等事，以广造就”。[①] 所有政府机构都要“研究西学

① 《议饬各部院添设仕学馆》，《申报》，1906年3月22日，第4版。

政治外交”，鲜明地体现出外国无处不在早已多么具体。推行新政的政府如此，要推翻政府的革命者亦然。当辛亥年孙中山在美国获悉武昌革命的消息时，这位革命家不是疾速返国，而是转往英国以寻求可能抑制日本的外交帮助。[①] 詹森（Marius B. Jansen）师曾敏锐地指出，这表明在中国领袖人物的认知中，外国在中国政治中的作用具有压倒性的重要意义。[②]

武昌的革命政府对此也有充分的认识。10月12日，军政府都督黎元洪就照会各国领事，承诺保护租界和各国人民财产以及“所有各国之既得权利”，声明清政府“前此与各国缔结之条约，皆继续有效；赔款外债，照旧担任”；但以后缔结的条约、借款则不能承认。[③] 军政府随即对内发布告示，明确规定：“伤害外人者斩”、“保护租界者赏，守卫教堂者赏”。[④] 并在白话布告中说：“各人要守本分。第一不要扰害各国租界，不要害外国人生命财产，不要烧领事署及教堂。因外国人没有害我们，害我们的是满

---

① 参见孙中山：《建国方略》（1917—1919年），《孙中山全集》，第6卷，中华书局1985年版，第244—245页。

② 参见〔美〕詹森：《国际环境》，〔美〕吉尔伯特·罗兹曼主编：《中国的现代化》，国家社会科学基金“比较现代化”课题组译，江苏人民出版社1988年版，第297页。

③ 《中华民国军政府鄂省都督黎元洪照会汉口各国领事》，《湖北军政府文献资料汇编》，辛亥革命武昌起义纪念馆、政协湖北省委员会编，武汉大学出版社1986年版，第593页。

④ 《军政府鄂军都督告示》（1911年10月16日见报），《湖北军政府文献资料汇编》，第24页。

人。若是害了外人，各国都来与我们为敌，那就不得了呢。”①

并非仅有武昌如此，芮玛丽曾注意到，辛亥革命期间，南北军队都非常小心地不损伤外国产业。英国领事惊讶地注意到革命军对外国权力的默认：在沪宁之战时，革命军沿着沪宁铁路旁的崎岖小路徒步跋涉，目送着火车从身旁飞速驶过。他们当然有能力夺取火车快速前进，不仅舒适很多，更重要的是可以赢得战役的先机，然而他们却不曾尝试这样做。②

革命一方的作为很快得到了列强的认可，10月18日，驻汉英俄法德日五国领事正式颁发布告，援引国际公法关于“政府与其国民开战”的规则，宣告严守中立，等于间接承认了武昌革命政府为代表中国“国民”的交战团体。③ 在外国影响无所不在的权势格局之下，列强的迅速表态，是个至关紧要的转折性里程碑。此前，主张支持立宪而反对革命的人有一种基本论调，即中国若革命即会内乱，列强必因此出兵干预，进而瓜分中国。领事团的反向表态，彻底粉碎了这一曾经广为流传的说法，至少从操作层

① 《中华民国军政府鄂军都督黎布告》，附入镇江关税务司戴乐尔（F. E. Taylor）致总税务司安格联（F. A. Aglen）函，1911年10月24日，《中国海关与辛亥革命》，中国近代经济史资料丛刊编辑委员会主编，中华书局1983年版，第144页。

② 参见Mary Wright, “introduction”, in idem ed., *China in Revolution: The First Phase, 1900−1913*, p. 56。

③ 参见《驻汉英俄法德日五国领事关于严守中立的布告》，《湖北军政府文献资料汇编》，第594页。

面证明了“革命”的可行性。[①]

尽管稍后长江上的英国海军确有借中立以掩护清政府军的举措，曾引起革命党人的不满，[②]但列强的表态整体上显然对革命一方更为有利，实际鼓励了革命在他省的蔓延。几天以后，就出现了湖南军政府，此后各地军政府遂陆续成立。时在内阁掌文字的许宝蘅看到“各路蜂起”，便知“大局危殆”，只能发出“奈何、奈何”的感叹。[③] 至此，对清廷而言，除非取得全面彻底的军事胜利，已难了局。

其实，即使没有革命的爆发，清廷先已处于一种前所未有的尴尬状态之中。这仍与外国在华存在有着密切的关联：此前为对抗外国势力的干预，清政府史无前例地援引了义和拳这一民间的异端力量。在读书人眼中，这是一个明显的“失道”象征，直接导致了士人与朝廷的疏离。[④] 避难到西安的光绪帝在1901年年初

---

① 当然，这一态度虽对革命一方更有利，却也并非全出于善意。所谓交战团体者，即胜负未决之意。列强仍可接受任何取胜的一方，同时也保留了包括军事干涉在内的所有行动可能。

② 参见江汉关税务司苏古敦（A. H. Sugden）致安格联，1911年11月14日，《中国海关与辛亥革命》，第28页。

③《许宝蘅日记》，1911年10月26日，许恪儒整理，中华书局2010年版，第370页。

④ 关于清政府支持民间异端力量，参见罗志田：《异端的正统化：庚子义和团事件表现出的历史转折》，《裂变中的传承：20世纪前期的中国文化与学术》，中华书局2003年版，第1—32页。

发布谕旨，要求“严禁新旧之名，浑融中外之迹”。[①] 后者针对的是刚落幕的中外武装冲突，前者却揭示出一种更加危险的状态——新旧对立的背后，实隐伏着“拳乱”后士人与朝廷间的紧张。

① 《义和团档案史料》，下册，故宫博物院明清档案部编，中华书局1959年版，第915页。

二、庚子后清廷的失道形象和士人心态

上引谕旨里新与外、旧与中的潜在逻辑关联，总体虽可说是近代的通相，却也因朝野的一度共同趋新，本已淡出时人的言说。从曾国藩时代开始，朝廷逐渐成为新派的后盾。尽管向竞争对手学习有着种种的不愉快，若非外国势力的直接介入过深，朝野趋新的主流或会延续，而不致排外。故义和团兴起时最高层和底层历来少见的朝野一致，反暴露出朝局的分裂和朝野的疏离：相当一部分地方政府公然对抗中央政策，暗中实得到不少士人的认可。朝廷与士人之间这样曲曲折折的合离，却也渊源已久。

作为一个外来政权，满清朝廷与士人的关系从来不是一帆风顺的。嘉道以后，满汉隔阂虽渐为人所淡忘，传统的“上下之隔”又发展到相当严重的程度。龚自珍在西潮入侵之前所写的《尊隐篇》中，已提到文化重心由京师向山林的倾移；由于京师不能留有识之士，造成“豪杰益轻量京师，轻量京师，则山中之势重”的结果。[①] 这样一种朝野之间的疏离，因西潮的入侵而加剧。后之所谓开风气者，越来越多地出自非京师的地方。

张之洞在戊戌维新时期已注意到新型媒体的影响，其《劝学篇》曾专辟一节以论“阅报”。他说：“乙未以后，志士文人，创开报馆，广译洋报，参以博议。始于沪上，流衍于各省，内

① 龚自珍：《尊隐篇》，《龚自珍全集》，王佩诤校，上海古籍出版社1975年版，第87页。

政、外事、学术皆有焉。”[①] 就像《申报》曾经是一切报纸的代名词一样，“沪上”也不仅仅就指上海一地，却不啻一种新型的“山中”。重要的是，不仅内政、外事，就连学术方面的新观念也“始于沪上，流衍于各省”，提示出当时风气之开，源自何处。且这或许已是封疆大吏晚来的承认，类似的倾向早已形成多时了。

近代中国一个很重要的现象，即人员和思想的新流通方式促成了一种相对“独立”于朝廷的“舆论”，却又能影响朝廷的决策。由于社会及社会观念的部分西化，开始出现一些愿意说话甚或“出来干”的人（新旧皆有，以新为甚）。梁启超曾观察到：

> 试观数年以来，倡政治改革之人，非即倡教育改革之人乎？倡教育改革之人，非即倡实业改革之人乎？倡实业改革之人，非即倡社会改革之人乎？以实业论，则争路权者此辈人，争矿权者亦此辈人，提倡其它工商业者亦此辈人也。以教育论，则组织学校者此辈人，编教科书者此辈人，任教授者亦此辈人也。以政治论，则言革命者此辈人，言暗杀者此辈人，言地方自治者亦此辈人也。其它百端，大率类是。[②]

---

① 张之洞：《劝学篇·阅报》，《张文襄公全集》，第四册，中国书店1990年影印版，第574页。

② 梁启超：《新民说》（1902—1903年），《饮冰室合集·专集之四》，第156—157页。

这一观察非常重要，即一段时间以来，无论说什么做什么，大致出于同一群被认为是了解新事物的人。关键是这样的“舆论”能够影响朝廷的决策。很多原处边缘的趋新者，逐渐形成“舆论”，造成压力，使处于权势中央（不仅是中央政府）的掌控者接受这样的思路，进而转化为当权者的想法和政治策略。（且这些人并无太明确的朝野之分，新政时期的规划，相当一部分奏折、章程等甚或出自一些逃亡在外、在国内连合法身份都没有的人。）尽管从曾国藩时代起朝廷已渐趋新，然而边缘处还有思虑更激进的人，他们后来又逐渐转向中心，成为新的开风气者。

从19世纪后期开始，这样一种从边缘到中央的新旧转换，已形成一种倾向性的发展趋势，到20世纪很长的时间里还在延续。大概从19世纪80年代开始，传统意义上的守旧者已经很难发出声音，到甲午后则基本可以说失语了。（实际当然仍在发声，但朝野主流均视而不见、听而不闻。）清季出现的革命党人，虽仍以读书人为核心，却是与梁启超眼中“此辈”不同的群体；他们所言的“革命”，也已经是与前不同的革命；但他们仍延续着观念更激进者从边缘走向中心的态势，一度使得反对革命者张口难言（详后）。

到19世纪最后十年间，中国舆论一个非常流行的观点，即在“退虏”“送穷”等具体的“富强”层面，既存中国学术已基本“无用”，应该束之高阁，转而更全面地学习西方的政艺之学。而被迫向竞争对手甚或侵略者学习的选择也带来深层次的心态紧张，进而促生一种集焦虑和激情于一体的急迫情绪，总想完全彻底地一次性解决中国的问题，并不惜借助非常规的方式。其间还有一股潜流，即甲午海战的失败，似乎提示着办海军这一学习西艺方向的无效。此前对“制造”的重视已趋淡化，如今可能受到进一步的怀疑。既然这一趋“新”路向的效应不佳，强调中外差异在器物为主的“富强”方面的主张，也减弱了说服力，有些士人或会寻找其他可能应对中外冲突的方式。

这两种一显一隐的观念在很大程度上影响了朝廷的决策，对华北义和团这一“神拳”的借重，提示着主政者基本接受了中学之上层正统已不足以救亡图存的观念，而又不欲进一步仿效西方模式，故走向基层，起用中国传统中任何可以尝试的资源，实即往异端方面寻求力量和支持。尽管如此，这或许是近代国人最后一次从中国传统里寻找思想资源。在那之后出现了更大的变化，寻求思想资源的眼光再次向外发展，所有中国的思想都不再重要也无人想要了。

义和团的重要象征意义在于，那恐怕是中国历史上第一次将“怪力乱神”的事放到了最高的中央政务会议上来讨论，并将之作为决策的依据，在此基础上制定了当时的国策。这意味着“中国”本身也发生了根本的变化，已不复是以前那个“礼仪之邦”了。而此前朝野的共同趋新，也是逼出义和团行为的一个潜在远因。素负理学盛名的大学士徐桐公然为“神拳”背书，以为能收

"以毒攻毒"之效，[①] 便最能体现那种隐忍已久、不得不发的心态；而在久抑之后一举释放而出时，显然已急不择术了。

故义和团的失败不仅是一次作战的失败，而是朝廷在进行文化选择的时候站到了整个价值体系的对立面上。对许多士人而言，文野之辨胜过中西之分。当年曾国藩等读书人要起来打太平天国，就是觉得那边崇奉的是异端的耶稣教；这一次则是朝廷援引了内部的异端，同样引起了大量读书人的强烈不满。

从太平天国到义和团，凡"怪力乱神"当道，均伴随各方面较大规模的杀戮：太平天国时期"长毛"固以杀人著称，政府军杀人亦狂，致曾国藩有"曾剃头"之称；义和团期间中国教民和拳民的行为亦然，许多教民在庚子以前借教力压人，在义和团事件期间被拳民所滥杀，在八国联军入侵后又以同样方式滥杀反教者，而外国军队在此期间在杀戮方面的表现也已达到"上帝也疯狂"的程度。[②] 对饱读经典的读书人而言，这都反证出孔子不语

---

① "以毒攻毒"的背后，潜藏着"正不压邪"的隐忧，揭示出朝廷主政者也认为正统思想资源已无法解决当时的问题了。参见胡思敬：《退庐全集·驴背集》，（台北）文海出版社1970年影印版（沈云龙主编《近代中国史料丛刊》第45辑），第1163—1164页。

② 参见〔美〕柯文：《历史三调：作为时间、经历和神话的义和团》（这里的"神话"是myth一词的对译），杜继东译，江苏人民出版社2000年版，第146—178页。以山西为例，传教士眼中拳民一方的行为可参见Nat Brandt, *Massacre in Shanxi*, Syracuse University Press, 1994; 明显对教民不满而偏向拳民一方的记述可参见刘大鹏：《退想斋日记》（选录），《义和团史料》，中国社会科学院近代史所《近代史资料》编辑组编，中国社会科学出版社1982年版，第775—826页。

怪力乱神的“正确”。

当清廷也像当年洪杨一样提倡怪力乱神时，表明其在社会层面已不一定依靠士人，在思想层面既不能维持中国“正学”，又不能接受外来的新学，实不足以救亡，更不能振兴中国。从这时起，越来越多的读书人已不相信政府能解决中国的问题，即不再寄希望于这个政权来改变中国的现状了。特别值得注意的是，相当数量的封疆大吏也有类似的看法。“东南互保”局面的出现，实则是那些曾在清廷与太平天国之间选择了前者的疆臣，这次却在清廷与列强之间选择了中立所致。“中立”是近代引入的西方新概念，从传统观念看，就是有外侮而不勤王，听凭外人宰割君主，至少也是抗命不遵朝旨。这样的局面，是西潮入侵以来前所未有的。

在传统意义上几乎等于叛国的“东南互保”，反因朝廷的“失道”而具有了较充分的正当性。① 当时便少见人说“东南互保”是卖国，清廷事后也未曾对此追究。后来的研究者固可说这是所谓地方权力上升的表现，更不能排除朝廷自觉此前作为已属“失道”，故不宜纠缠，免得提示曾经存在的倒行逆施。但这些因素彼此都有暗中的因应，久已淡化的满汉意识很快再度受到关注，朝廷中出现亲贵内阁，而不少地方督抚也在加强相互联络（以及其中某些人与

---

① 陈寅恪后来就把“庚子岁东南诸督抚不遵朝命杀害外侨”与《马关条约》后“政府虽已割台，而人民犹可不奉旨”并视为“爱国”和“有是非之心”的表现。参见陈寅恪：《寒柳堂记梦未定稿（补）》，《陈寅恪集·寒柳堂集》，生活·读书·新知三联书店2001年版，第215—216页。

外国领事的联系加强），多少都与“东南互保”有些关系。

所有这一切，都为次年的《辛丑条约》所固化。总理各国事务衙门“按照诸国酌定”改为外务部，班列六部之前，确立了外倾的国家走向；而全面的武器禁运则从此断绝了此前以购买方式强军的途径，并辅以各国可长期驻军的独立使馆区以及削平京师至海通道的所有炮台。一个不得不走向世界的国家，防务上却门户洞开，且已几乎无法实现今日所谓“军事现代化”，怪不得此后“瓜分”就成了舆论的持续主题，尽管颇带虚拟意味。[①]而巨额的赔款，不仅使全民直接感受到了朝廷倒行逆施的代价，也为此后一系列内政改革的艰困埋下了伏笔。在越来越重视纸面条文的时代，这等于将朝廷钉死在失道的耻辱柱上了。

因此，庚子年是清末一个大转折，局面已很难逆转（却也不是没有可能）。陈三立在庚子当年，即几乎明言朝中已有“暴君虐相”，足以促“民权之说”兴起。他说，泰西“民权之所由兴，大抵缘国大乱，暴君虐相迫促，国民逃死而自救，而非可高言于平世者也”。而中国“义和团之起，猥以一二人恣行胸臆之故，至驱𫘤竖顽童张空拳战两洲七八雄国，弃宗社，屠人民，莫之少恤”。如此“专制为祸之烈，剖判以来未尝有也”。他的推测

① 当时是有外国人言及“瓜分”，但不必代表其所在国的政府意向。盖到目前为止，尚未见有人引用任何一个“列强”的文献表明“瓜分”中国成为实际的政策选项。但“瓜分”的说法确实对中国舆论界影响较大，形成很强的忧患意识。

是“民权之说转当萌芽其间，而并渐以维君权之敝”。[①]

戊戌时与陈三立同在湖南推动维新的黄遵宪也想到了“民权”，他原以为，庚子后联翩下诏“设政务处，改科举，兴学校”，或可以达到“尊王权以导民权”之平生希望。然而新政的实际举措令他非常不满，“今回銮将一年，所用之人，所治之事，所搜括之款，所娱乐之具，所敷衍之策，比前又甚焉。展转迁延，卒归于绝望。然后乃知变法之诏，第为避祸全生，徒以之媚外人而骗吾民也”。[②] 黄遵宪敏锐地观察到清廷变法那不得已的一面，即避祸全生，以媚外人；而这个寄望于改革者的沉痛绝望，暗示着与陈三立相近的分析，即王权和民权难以两全。稍后陈天华正式提出“改创民主政体”的主张，理由即“现政府之不足与有为也，殆已成铁据”。[③]

又两年后，山西举人刘大鹏总结说：“世道大变，自庚子年始。人心于是大坏，风俗于是大乖，至学界风潮于是大涨。凡出洋游学，即在学堂之人，多入无父无君之境。诚有不堪设想者。”[④] 革命者的经历很能支持这个看法，孙中山在庚子年趁北方

① 陈三立：《清故光禄寺署正吴君墓表》（光绪二十六年），《散原精舍文集》，钱文忠标点，辽宁教育出版社1998年版，第68页。

② 黄遵宪致梁启超，光绪二十八年十一月，《黄遵宪集》，第512页。

③ 思黄（陈天华）：《论中国宜改创民主政体》，原载《民报》第1期，后收入《辛亥革命前十年间时论选集》，第2卷上册，生活·读书·新知三联书店1963年版，第124页。

④ 刘大鹏：《退想斋日记》，1907年3月8日，乔志强标注，山西人民出版社1990年版，第158页。

之乱而发动惠州起义，虽仍失败，但他发现当时“中国之人心，已觉与前有别”。此前“举国舆论莫不目予辈为乱臣贼子，大逆不道，咒诅谩骂之声不绝于耳”；而庚子以后，“则鲜闻一般人之恶声相加，而有识之士且多为吾人扼腕叹惜，恨其事之不成矣。前后相较，差若天渊”。①

鲁迅后来回忆说：“戊戌变政既不成，越二年即庚子岁而有义和团之变，群乃知政府不足与图治，顿有掊击之意矣。”② 这里的“群”当然是指士大夫，因为一般的老百姓在义和团之时恰与清政府有一度的“合作”。鲁迅和陈天华都曾在日本留学，也都倾向于革命一方；然而他们的表述无意中提示了一个重要的潜在共识，即后来走向激进方式以“掊击”政府的革命党人，也曾有与政府合作以“图治”的愿望，前提即政府能够“有为”。

以今日的后见之明看，当年士人心态的转变已经引起了朝廷的注意，并有一系列越来越急迫、越来越全面彻底的因应举措。类似废除科举、试行立宪这样的改革，都是以千年计的巨变，不能说朝廷没有决心、没有诚意。然而这样的努力仍让相当一部分读书人感觉不满，应有更深层的原因在，需要认真对待和分析。

前引黄遵宪在短期内即对新政由希望到绝望的进程，当然不是孤立的，故朝廷的举措也不得不步步紧逼、层层加码。即以科

① 孙中山：《建国方略》，《孙中山全集》，第6卷，第235页。

② 鲁迅：《中国小说史略》，《鲁迅全集》，第9卷，人民文学出版社1981年版，第282页。

举制改革为例，在庚子后几年间，仅张之洞、袁世凯等人奏折中所提出的办法，就几乎是几月一变，一变就跃进一大步；前折所提议的措施尚未及实施，新的进一步建议已接踵而至。原拟用十年的时间逐步以学堂代科举，而不过一年，便不能等待学堂制的成熟，就在1905年把实施了至少千年以上的科举制彻底废除，很能体现政府那种破釜沉舟的决心。[①]

就在1905年当年，报纸已观察到“昔者维新二字，为中国士夫之口头禅；今者立宪二字，又为中国士夫之口头禅”的现象。[②]再到1907年，孙宝瑄已感慨道：“风气至今，可谓大转移。立宪也，议院也，公然不讳，昌言无忌；且屡见诸诏旨，几等口头禅，视为绝不奇异之一名词。”而在数年前，那还是“所梦想不及”的事，[③]现在已有付诸实践的希望了。

当然，立宪的确立，也要师出有名。先是出使各国考察政治大臣载泽上奏说，立宪方可使“皇位永固”。[④]不久，“立宪足以安帝室”的主张渐为朝野所接受。[⑤]到朝廷正式确立预备立宪年限为九年时（此前各说不一，从五年到二十年都有），孙氏自己

① 参见王德昭：《清代科举制度研究》，中华书局1984年版，第236—245页。

② 《论立宪当以地方自治为基础》（录乙巳八月二十三日《南方报》），《东方杂志》第2年第12期（1906年1月），第216页。

③ 孙宝瑄：《忘山庐日记》，1907年10月21日，下册，第1082页。

④ 载泽：《奏请宣布立宪密折》（1906年），《清末筹备立宪档案史料》，上册，故宫博物院明清档案部汇编，中华书局1979年版，第174页。

⑤ 孙宝瑄：《忘山庐日记》，1908年8月20日，下册，第1230页。

的感觉是“似欲实行，非空言也”。[①] 仅两年后的1910年，颇类当初改废科举的模式，朝廷又将预备立宪期从九年缩减为五年，而朝野已在讨论进一步缩减为三年、甚或立即施行的可能。

不论朝廷的举措在多大程度是被逼无奈，这样的步步深入的确体现了改革的诚意。在士人对朝廷的不信任相对普遍之时，很多人对立宪或持观望的态度；然而这正是黄遵宪曾经梦想的“尊王权以导民权”，朝野中不少人对此也曾寄予厚望。一旦实行立宪，皇帝就真成虚君了。但不信任的情绪也并未消除，连御史黄瑞麒的奏折也不能不代为疏解说，他知道预备立宪的谕旨“非空言粉饰、取具文告之谓，乃实事求是之谓；非东涂西抹、铺张新政之谓，乃循序渐进之谓”。这样一种几乎是此地无银的申说，正表明如此理解者并非一二人。黄氏自己便观察到，“今之奉行朝命者，或限于无知，以粉饰了事；或误于妄作，以涂抹矜能”。[②] 若奉行朝命者也如此，则向怀疑虑者就可想而知了。

其实，正如资政院开院典礼（1910年10月3日）上宣统帝的上谕所说，预备立宪乃是“开千古未有之创局”。而十天前资政院总裁溥伦也在首次召集日上强调，这是“我中国数千年以来没有行过的盛典”！[③] 在稍后的第26次资政院会议（1910年12月15日）上，剪辫易服案的提案者议员罗杰说，关于剪辫有违祖制

① 孙宝瑄：《忘山庐日记》，1908年8月28日，下册，第1234—1235页。

② 黄瑞麒：《奏筹备立宪应统筹全局分年确定办法折》（1907年），《清末筹备立宪档案史料》，上册，第316页。

③ 《资政院议场会议速记录》，李启成校订，上海三联书店2011年版，第4、1页。

一层，可以不考虑。若说“不能变更祖制，这个立宪政体，岂不是显然变更祖制吗？既然政体可以变更，何有区区发辫呢？”[①] 既然事涉祖制的变更，且要尝试“中国数千年以来没有行过的”大事，“开千古未有之创局”，当然不是可以随便敷衍、粉饰的，实际推行起来也并不那么简单容易。

或可以说，晚清新政有一致命的弱点，即当时已形成一股内外夹攻的强大政治变革压力，使政府终于认识到全面改革已是刻不容缓，并主动推行了自上而下的一系列根本改革措施。然而，这却正是大量过去维护朝廷的士人开始对政府失去信任之时。在士人心态与清廷政策颇有距离的情形下，改革的不断加速进行，表明政府的确希望可以藉此挽回士人的支持。

不过，清末朝野之谈论立宪，颇有些类似后来的读书人“说革命”，[②] 始终夹杂着想象和憧憬，很少有人真正认识到立宪是对此前已在推行的诸多具体新政举措的制度提升。由于对此的体认不够深入，也缺乏心理上和学理上的准备。例如，与制度变革密切相关的政治伦理，同样需要有重大的转变，却很少进入时人的意识层面和言说之中。最要命的是，在新政从一些可以分散进行的具体作为上升到立宪的整体制度层级后，很多此前尚未充分暴露的根本性制度困境，就在实际的操作中越来越清晰地呈现出来。

---

① 《资政院议场会议速记录》，第369页。

② 参见罗志田：《士变：二十世纪上半叶中国读书人的革命情怀》，《新史学》第18卷第4期（2007年12月）。

三、制度困境下的新政

从清季开始，中国的既存制度不适应时代，便是一个流行的说法。当时人已在申说立宪与专制的对立，稍后又延伸到帝制与共和的对立（前者是时人对于“政体”的一种概括称谓，后者则是时人所谓的“国体”）。到1949年后，至少在中国大陆，则多说封建制度和资本主义时代的对立。这些见解的思想资源各异，观察视角也不尽同，但大体都接受类似的预设，即一时代应有一时代的制度，而近代中国已进入一个新的时代，其制度却滞后，故不能适应；惟究竟何处不适应，则各说不一，盖多据其所接受的“适应者”反推也。

前引龚自珍的“尊隐”说，已提示出不待西潮冲击，中国的问题已存在。汪士铎稍后说：“当咸丰中，海内多故，非上有失政，下有贪酷”，而是因为人口多而风俗奢相，物力不能给所致。由于“休养久而生齿繁，文物盛而风俗敝”，故“不必有权相藩封之跋扈，不必有宦官宫妾之擅权，不必有敌国外患之侵凌，不必有饥馑流亡之驱迫”，虽“上无昏政，下无凶年，而事遂有不可为者”。王汎森先生说：汪士铎“似乎敏感到帝国内部有一种结构性困境，一种自我内卷化（involution）的发展”，是真正的世乱之由。①

汪氏所说的权相藩封之跋扈、宦官宫妾之擅权、敌国外患之

① 王汎森：《汪悔翁与〈乙丙日记〉——兼论清季历史的潜流》，《中国近代思想与学术的系谱》，（台北）联经出版公司2003年版，第81—82页。汪士铎文字也都转引自此。

侵凌以及饥馑流亡之驱迫的四“不必有”，除“敌国外患之侵凌”外，其余几条，直至民国代清，可说没有太大的变化。但近代外患侵凌很可能是造成中国局势变化的一项根本因素，其实际的和认知上的作用皆不可小视。而且，耗散式的体制疲软和衰退通常是可逆的，如通过改善人才选拔（此汪士铎所最不满），或其他一些修补式的制度调整，或许就能解决问题。真正的挑战是作为“正确”模式的外来新体制的出现，由于国家目标的外倾导致政府职能的转换，进而不得不进行全面彻底的整体制度更易，这就与此前的困境大不一样了。

1. 小政府遇到了大问题

傅斯年曾论“王安石变法”说：“其改革之总用意，亦为富国强兵，以雪契丹之耻。”故不仅其用心不可非，“即其各法，亦多有远见之明，此固非‘不扰民’之哲学所赞许，却暗合近代国家之所以为政也”。[①] 这是一个非常深刻的观察。盖王安石的“变法”实已触及社会结构的根本改变，成败当从制度及其背后的基本价值观念看。在中国，“不扰民”的小政府政治哲学早已体制化，至少为体制所固化，若不从基本价值观念上开始转

① 傅斯年：《中国民族革命史》，未刊手稿，原件藏台湾“中研院”史语所傅斯年档。

变，并据此对体制进行更易，任何“富国强兵”式的改革都很难成功。[①]

清末新政也可由此考察：外敌的实际入侵和继续入侵的威胁，使得“富国强兵”成为政府不可回避的责任，而“富强”的确是傅斯年所谓“近代国家”的政治观念，与“不扰民”的小政府政治哲学形成了根本性的对峙，几乎没有妥协的余地。这就使清廷遇到了一个非常棘手的问题：中外之间的国际竞争不可避免，为了不在竞争中落败，就只能向“近代国家”靠拢。用传统的术语说，为了“退虏”，先要“送穷”，才可能实现“富强”。体现在政府职能转换上的国家功能转变，意味着整个政治体制、政治结构和政治伦理都不得不进行具有根本性的变革。

中国传统政治讲究的是社会秩序的和谐，其基本立意是统治一方应“无为而治”。先秦政治思想的一个核心原则，即孔子所说的“为政以德，譬如北辰居其所而众星拱之”。所谓“治世”，即统治一方从上到下均可以无为，而天下的社会秩序仍能和谐。用今日的话说，“无为而治”就是政府尽量不作为。故中国的传统政治，至少在理想型的层面，基本是一个不特别主张“作为”

---

① 更早的王莽改制，颇为胡适所青睐，某种程度上也与此相类。按王莽欲复三代礼制，王安石也以经学称，提示着传统经学中实蕴含着某种支持政府作为的思想资源，其与体制化的小政府政治哲学之间有着什么样的关联和紧张，还甚可探索。

的“小政府”模式，[1]接近于西方经典自由主义那种社会大于政府的概念。中国古人也许很早就意识到了国家机器很可能会自主而且自动地扩张，所以必须从观念上和体制上对此“国家自主性”进行持续有效的约束。

与“小政府”对应的是某种程度上的“大民间”或“大社会”。过去常说中国是中央集权，那最多只体现在京师的中央政府本身。[2]到了各地，则大体是一种逐步放权放责的取向，越到下面越放松。秦汉时的乡里已非常弱化，实不能像一些人想象的那样行使“国家”的功能或代表“国家”。至少从唐中叶以后，大体上官治只到州县一级，且直接管理的事项不多，地方上大量的事情是官绅合办甚或是由民间自办的。用现代术语来表述这一官绅“共治”的特点，即“国家”不在基层，也缺乏向基层扩张的意愿和动力。清初朝廷似曾有过试图强化保甲而弱化士绅的努力，但并不成功，也未见延续，此后基本维持着唐中叶以后的政

---

① 摩尔并非中国专家，但他根据二手研究敏锐地觉察到中国传统政府什么也不做的特征。参见Barrington Moore, Jr., *Social Origins of Dictatorship and Democracy: Lord and Peasant in the Making of the Modern World*, Penguin Books, 1973, p. 204。

② 即使在京城，也与今日理解的“集权”很不一样。不仅所谓“皇权”远没有平常所说的那样大，对于京官，更存在从收入和职责等各方面的限制——京官的收入不如外官，通常也不能对老百姓实施直接的治理（详后）。类似限制虽未必成文，却是众所周知的。

治形态。[①]

从世界史的视角看，中国统治的国土面积那么大，维持那么久（朝代虽更易，基本未变换体制），基本仅此一例。[②] 按照欧洲的经验，广土众民几乎是不可能一统治理的，也没有实施实际政治管理的先例。而根据中国的历史经验，由于实行了真正“小政府”的无为模式，在低成本的情况下运作，广土众民的状况是可以治理的，实际也在很长的时间里实施了管理。其间一个重要因素，即政府把权、责层层释放。用清季时人的话说，即天子慎择宰相，宰相慎择守臣，守臣慎择牧令，皆“责其成”而不问其具体之所为。[③] 且权、责不仅是分给省或州县一级的地方官，很多时候是直接分给了基层的地方社会。

中央与各地官员也有明确的职责划分，袁世凯后来用新名词解释说：“国家设官任职，首须权限分明。其大要不外立法、行政而已。内而各部，皆为立法之地，此中央之所以集权；外而各官，皆为行政之人，此地方之所以寄治。”简言之，就是中央

---

① 参见Hsiao Kung-chuan, *Rural China: Imperial Control in the Nineteenth Century*, Seattle: University of Washington Press, 1960; Ch'u T'ung-tsu, *Local Government in China under the Ch'ing*, Cambridge, Mass.: Harvard University Press (Council on East Asian Studies), 1962。

② 参见Joseph W. Esherick, “How the Qing Become China”, in Joseph W. Esherick, Hasan Kayali and Eric Van Young, eds., *Empire to Nation: Historical Perspectives on the Making of the Modern World*, p. 229。

③ 参见《再论中央集权》（录七月二十三日《中外日报》），《东方杂志》第1年第7期（1904年9月），第152页。

"议事"而外官"办事"。相应地，各部的部员也"为中央议事之人，而非地方办事之人"。若"立法有未善者，外官亦得而条陈之，但不能分中央制度之权；其行政有未善者，部臣亦得而纠查之，但不能攘地方治事之权"。[①] 他以立法和行政这样的新术语，非常简明扼要地对议事和办事的区分进行了学理提升，即中央政府负责订立制度，更多起主导作用；而各级地方政府则承担具体的治理。

当然，所谓无为，并非零行为，而是对某种行为方式和取向的强调。若论政府参与的事务，似乎中国还胜过西方。严复曾比较东西立国之异说："西国之王者，其事专于作君而已；而中国帝王，作君而外，兼以作师。"故西方君主"所重在兵刑"，而"中国帝王，下至守宰，皆以其身兼天地君亲师之众责"，举凡礼乐、宗教、营造、树畜、工商，乃至教育文字等，皆其事也，结果是"君上之责任无穷，而民之能事无由以发达"。[②]

实际上，历代真能"作之君作之师"的皇帝是很少的；大部分时候，是皇帝和士人共治，实现一种群体的君师之治。用蒋梦麟的话说，中国久已没有贵族，只有"相当于贵族的士大夫阶级"，逐渐衍化成一个"学者之国——最受尊敬的是学问，最受珍视的是文化"。统治者依靠"学者领袖来驱策督导"，通过"教

---

① 袁世凯：《请饬另行核议路务办事章程折》（1906年），《袁世凯奏议》，廖一中、罗真容整理，天津古籍出版社1987年版，第1291—1294页。

② 严复：《〈社会通诠〉按语》，《严复集》，第4册，第928页。

育人民”以“真正地领导人民”。[1] 这样的群体君师之治，也可以称为“士治”。在此体制下，从帝王到守宰的责任固无穷，具体治法却又是相对放任的。类似中央与地方的区分，各级政府也更多是起主导作用而已。

严复自己的意思，是不满中国政府干预民事太甚，但他的确领会到了中国传统政治那种政教相联的特色。从根本言，政府可以无为的前提就是教化，即贾谊所说的“有教然后政治也，政治然后民劝之”。这里的“政治”，意思就是以政教为治和政事得到治理。百姓受教而化之，各亲其亲，则政府对内的职责只在老幼孤寡的福利问题，当然可以无为，且可以真正趋向“无为而无不为”的境界。这样一种政治和社会秩序的理念，与其说是一个可以完全实现的目标，不如说是一个值得争取、可以趋近的理想。[2]

然而，小政府模式的根本缺点就是很难应付较大的突发事件，故最怕“天下有事”。这种资源匮乏的政府，就连应付天灾都感乏力，更不用说对外作战了。而近代的一个新形势，就是康有为强调的从大一统变成了万国林立的竞争局面。随着资本主义和科技的发展，今日所谓全球化那时已经开始。本来儒家强调国家不与民争利，前提是对外不多欲，才能够内施仁义。晚清的困

① 参见蒋梦麟:《西潮》,（台北）中华日报社1960年再版，第178页。

② 参见罗志田:《中国文化体系中的传统中国政治统治》,《战略与管理》1996年第3期。

窘在于，中外的竞争既严峻又紧迫，外来的压力接踵而至，已经不容许一个小政府的存在，迫使清廷不得不向一个有作为的大政府转变，由此产生了一系列的问题。

一旦政府真要有作为，中央政府也就感到了“集权”的确实需要。清廷因仿行宪政而推行中央集权，的确是导致各地不满的一个重要原因。但这还不是当时最严重的挑战。最具根本性的结构性紧张在于，一个向以“无恒产”为宗旨之“国”，忽然要完成退虏送穷的紧迫任务。一旦中央政府选择了富强这一目标，就不能不在政治伦理和统治模式上做出结构性的改变。但当年的政府以及关心国是的多数读书人，恐怕都没充分意识到这一点。

2. 从民富国强到政府理财

小政府模式的管理成本较低，资源需求不多，勿需大量征收赋税。这一政治哲学的典型表述，即《老子》所谓：“民之饥，以其上食税之多，是以饥；民之难治，以其上之有为，是以难治。”正因政府“作为”方面的要求不高，故产生与此配合的轻徭薄赋政策，可以不与民争利。康熙朝那句“永不加赋”，让很多读书人对外来政权产生了认同感，成为清廷能长期存在的一个重要原因。而是否加赋，重要的就在于政府的管理需要支出多少钱。曾任州县的汪辉祖也知道，“多一重衙门，便多一重费用，百姓何能堪此"！[1] 只有减少支出，维持一个不作为或少作为的小政府，才能做到"永不加赋"。

按照孟子的说法，士可以无恒产，一般人则不可无恒产。中国这样的小政府"士治"模式，似乎"国家"（state）也带有士人的特点，即国可以无恒产，而藏富于民，民富则国强。梁启超稍早在论证古今中外"有国者之通义"时曾表示，"民无恒产则国不可理，于是乎有农政、矿政、工政、商政"。[2] 所谓"民无恒产则国不可理"，是传统观念的简明总结，故其所说的各"政"，虽已可见外来的影响，大体还是由政府扮演提倡、督促和推动的角色。

时人对此也是有所认识的。《中外日报》在1904年即曾刊文指出：专制之君"最不相宜者，则干涉民之财政"。若其"不明此理，而横干民之财政，则无论其用意之为善为恶，而君位皆不能保"。王莽和王安石的改革，"皆欲为民整顿财政"，结果是天下大溃。[3] 杜亚泉于1911年年初也警告说："国运之进步，非政府强大之谓。不察此理，贸贸焉扩张政权，增加政费，国民之受干涉也愈多，国民之增担负也愈速。干涉甚则碍社会之发展，担负重则竭社会之活力。社会衰，而政府随之。"[4]

---

① 汪辉祖：《学治臆说》，中华书局1985年版，第16页。

② 梁启超，《西政丛书叙》（1897年），《饮冰室合集·文集之二》，第62页。

③ 《再论中央集权》（录七月二十三日《中外日报》），《东方杂志》第1年第7期（1904年9月），第152页。

④ 杜亚泉：《减政主义》，《东方杂志》第8卷第1号（1911年3月），《杜亚泉文选》，田建业等编，华东师范大学出版社1993年版，第12页。

这样能延续民富国强的思路、并看到“国家”实依赖社会的睿见，当时恐怕有些超前。更多人或憧憬着从“专制”走向立宪的巨变，似以为从政府到读书人都可以“转变作风”。孙宝瑄就认为：“变法之本在立宪，立宪之本在财赋，财赋之本在实业。”他很羡慕“日本维新之际，士族皆改业工商”，而对中国“士夫稍开明者，动好为大言，谈民权自由，不务实业，有愧多矣”。[①] 这不仅表现出士人心态的转变，更揭示出“立宪”本身也可以为很多前所未有的行为正名。

当时舆论甚至以国家举动的多寡，判断其文明与野蛮。以为身处“轮轨交通、政学竞进”的时代，“稍一迟回，稍一懈怠，而国势之强弱判焉，文化之进退分焉”，故不仅“不能以宁静和缓处理今日之天下”，且当以“一年内举动之多寡”，卜国是之“进退”。[②] 在此世风鼓荡之下，面临退虏送穷时务的“国家”，当下就要有作为，甚至很快发展到处处需要有作为（详后），还必须是政府自己作为（而不能仅是引导），则不得不改变国无恒产的取向，以寻求富强。晚清的一大变化，就是越来越多的人开始疏离于“民无恒产则国不可理”的传统思路，并在不知不觉中转而信奉“国无恒产则国不可理”的观念，逐渐倾向于政府直接理财的政策取向。

---

① 孙宝瑄：《忘山庐日记》，1903年9月5日，上册，第729页。

② 毅：《一年内政府与国民之大举动》，《申报》，1910年1月29日，第1张第3版。本条材料承厦门大学历史系梁心老师提示。

问题在于，实业可不是那种可以一蹴而就的事，而那时却充斥着急于求成的强劲世风。朝臣中也有人知道最合适的富强方法是因富求强，袁世凯就提出："迨利源日拓，库帑日充，然后因富求强，势自顺而事自易。"他也明知改革当"行之以渐，不责近功；持之以恒，不摇定见"，然而他仍像很多时人一样，期待着一次性的"百废不难俱举"。①这种希望一举解决全部问题的心态，在那时是相当普遍的。早在戊戌维新期间，张之洞就说，只要照他说的做法办理学堂，"则万学可一朝而起"。②"缓不济急"是晚清公文中的流行语，最能表现这种急迫的心态，同时也揭示出"无为而治"的小政府长期存在的问题。

任何轻徭薄赋的"小政府"，遇到外患时都常显捉襟见肘之窘境。尤其中国长期以来是农业社会，政府的主要赋税来源也是农业税。除非长期积累，仅靠农业税入很难应对大型的公共支出；若税收往非农业方向发展，意味着社会结构的大变，必然冲击以"耕读"为核心的整体文化。孙宝瑄所说的"财赋之本在实业"虽是外来的新观念，却也触及了关键之所在。所谓"立宪之本在财赋"，不过是以立宪涵盖整体的新政。当年新政的举措，可以说样样需要钱，且每一项都要大量花钱。③被人寄予厚望的

---

① 袁世凯：《遵旨敬抒管见上备甄择折》(1901年4月)，《袁世凯奏议》，第275、277、269页。

② 张之洞：《劝学篇》(1898年)，《张文襄公全集》，第四册，第570页。

③ 由于常常是士人而不是商人一类在策划，确曾存在过分花钱的倾向。如张之洞主持办学，过分注重校舍等的建设，增添了大量的支出。

路矿等新事物，生财还遥遥无期，却先带来了很多新问题。

而且，对各级政府而言，新政的开支基本是额外的支出。如梁启超所说："各省所入，其支销皆已前定，而未有一省入能敷出者。"① 各省如此，中央亦然。中国此前虽无所谓预算制，大体还是以出量入，再量入为出。小政府的府库中不能有、实际也没有大量的积蓄。当时政府尚处于从不作为向有作为的过渡之中，正经历着一个由政府提倡督导为主向政府直接经手的过渡进程（辛亥革命爆发时仍在进行）。

除了更早办理制造局、练海陆军等"洋务"外，清末新政大体以学务为先。遵循上述原则，高层级的学校虽是政府办理，大量基层办学的主要经费是出自民间的。可到底出在谁身上，是一个很直接的问题。刚开始办学的时候，筹款还相对容易。地方上有各种各样的"会"，都有多少不一的"公费"（晚清的"公"在官与私之间，不是今天所说的"公款"），大致可以从中募到办新学的钱。但各种"会"里的"公费"总数是有限的，很快就用得差不多了。于是，款子的来源就逐渐转向相对富有的绅，并进而转向一般的民。这些款项和巨额战争赔款以及外债等，最终都落实在老百姓身上，成为不小的负担，也造成了强烈的民怨。

而且，过不了多久，学务之外的其他新政又来了。那一整套

① 梁启超：《上涛贝勒（载涛）书》（1910年2月），丁文江、赵丰田编：《梁启超年谱长编》，上海人民出版社1983年版，第504页。（文字已据《近代十大家尺牍》核改，下同。）

面向富强的新政，样样都是需要政府投入或至少政府引导投入的项目。江苏提学使毛庆蕃1908年抱怨说，即使像江苏这样“夙号财赋之邦”的地方，近年也已“实苦认派之巨。司局各库，悉索无遗”。不仅官方“罗掘无术”，若款项要“摊派民间。而苏省民情，实已非常苦累”。与学务相关的就地筹捐，“其捐之农民者，则有带征积谷、串票、税契、中金等捐；其取之货商者，则有丝捐、米捐、木捐、典捐，甚至鸡、鸭、鱼、肉、茶碗，几于无物不捐，何能再派？”①

正因新政以办学为开端，故当时“毁学”行动既普遍又激烈。各项新政中，教育的变革之所以关键，在于其直接触及每一个向往社会变动的人，而非如铁道、矿业等只涉及部分区域和部分人。民众的“毁学”早经学者注意，但中国文化对文字和学问向来极为崇敬，在此文化长期熏陶下的民众能如此反应激烈，应予特别的留意。② 其中一个重要因素，当然是新出的苛捐杂税确实超出了人们所愿承受的负担。且学务毕竟开始较早，后来的情形，如毛庆蕃所说，是“新政繁兴，在在需款”。地方官已不堪重负，“纵心力之俱殚，终罗掘之无术”。③ 这是一个很有代表性的表述，毕竟江苏还是“财赋之邦”，别处情形或当更差。

---

① 《苏抚奏拨苏省学务经费》，《申报》，1908年7月28日，第1张第5版。

② 部分也因为其中很多人并不认可“新学”的学问资格，故极不愿也不能为一个不具权威的新事物承担重负。参见罗志田：《科举制废除在乡村中的社会后果》，《中国社会科学》2006年第1期。

③ 《苏抚奏拨苏省学务经费》，《申报》，1908年7月28日，第1张第5版。

进而言之，以富强为目标的“新政”，诸如兴学堂、办实业、治警察、行征兵，以及包括成立府州县城乡镇自治组织、调查户口和岁入岁出、设立自治研究所等的“地方自治”，这些内容基本都是摹仿西方的。梁启超曾批评政府“徒骛新政之名，朝设一署，暮设一局；今日颁一法，明日议一章。凡他国所有新政之名目，我几尽有之矣”。[①] 实际上，新政的一些改革内容，本身就是在外国要求下举办的；即使那些中国自身寻求的改变，也大多以西方为榜样，按照西方的做法来推行。从过去的观念看，不少是当时一般人眼中未必急需的支出。

最显著的，就是增加了一个管理的费用。现在很多人认为管理最能体现西方的优越性，是中国人不擅长的。然而中国过去不重管理，也曾节约了很多开支。以地方初级教育为例，以前办私塾，只需请一位老师；改成新学堂后，每一学堂都要设一名监督（即校长），凭空增添一个管理人。这一倍以上的人事开支，往往是地方无法承受的。教育还相对简单，其他过去中国没有的门类，涉及管理的费用更高。这类“管理”观念有着明显的摹拟特性，不仅与“无为而治”的传统取向明显对立，且使改革的物质成本猛增，需要更为巨大的财力支持。

当时人人都知道钱不够，关键是不够的钱从哪里来。不过，那时朝野似有一共识，即中国因为“专制”导致民信不足，故不

① 梁启超：《上涛贝勒（载涛）书》，丁文江、赵丰田编：《梁启超年谱长编》，第503页。

能像外国一样征收大量赋税，还没什么民怨。[①] 如果能实行立宪，再推行什么公开的预算决算制，或改革币制，或实行某种理财之法，便可以大获进项，一举扭转局面。游历日本的直隶绅士潘宗礼就说，“东西各国，赋税数倍中国，而民不怨”，是因为他们实行预算决算制，每年“列表宣布，俾国民人人周知”。中国人本也知爱国，但因“上下相蒙，民乃不信”。如果也实行预算决算之制，使“民知所纳之税，某项用于某处，系为我谋公益、保治安，非中饱亦非靡费”，则经费易筹，新政易举，立宪之基可定。[②]

若说潘宗礼是个无人知晓的一般读书人（他为了让人知道自己的看法，不惜投海自杀），梁启超也有类似的见解。他认为当时政府的税收政策是“竭泽而渔，以朘削贫窭之小民。充其量，所得不能增数千百万，而举国已骚然”。一旦“民不能自赡其生，则铤而走险，何所不至”。反之，“苟能遵财政学之公例，以理一国之财，则自有许多新税源，可以绝不厉民，而增国帑数倍之收入”。他自己就曾拟出一个《中国改革财政私案》，若能据此“将财政机关从根本以改革之”，则施行之后，“每年得十万万元之收入，殊非难事”。[③]

这显然是一个充满想象的计划，而所谓“税源”，当然指向民间现有之款。其实晚清政府增加财政收入的努力已初见成效，

---

① 这当然是典型的想象，多数外国老百姓对多交税从来不快，向有怨言。

②《通州游历绅士潘宗礼条陈》，附在袁世凯：《游历绅士潘宗礼忧愤捐躯遗有条陈据情代奏折》（1906年3月），《袁世凯奏议》，第1261页。

③ 梁启超：《上涛贝勒（载涛）书》，丁文江、赵丰田编：《梁启超年谱长编》，第506页。

国家岁入（中央和各省政府收入）大致从鸦片战争后的四千万两，到甲午战争后的八千万两，后来据说还有较大增幅[①]，不过那更多是因会计方式改变的纸面表现。[②]若按梁启超的意思，只要能改良理财方式，则不难再增至三倍以上。且不论当时民间是否有这么多钱，即使有，猛增比过去多达数倍的税收，百姓可以接受，还不致“铤而走险”，确实需要非常丰富的想象力。

另一方面，当年物质层面的社会能力到底有多大，也还可以进一步考察。如四川后来在军阀时期的苛捐杂税是举世闻名的，预征五十多年赋税的名声甚至已进入某些教科书。即使分摊到数年，也是每年预征约十倍的赋税；在整个世界史中，恐怕很难找到一个地方的百姓可以在不到十年的时间里持续地承担如此以倍数计的赋税，却并不造反，仅仅抱怨而已。这充分反证出当年的实际赋税相当低，而民间也尚有余财可敛（若非过去藏富于民，短期内的巨额赔款已难应付，安能再加新政支出）。[③]

---

① 参见Jean-Laurent Rosenthal and R. Bin Wong, *Before and Beyond Divergence: The Politics of Economic Change in China and Europe*, Cambridge, Mass.: Harvard University Press, 2011, pp. 201–202。这一材料承四川大学历史文化学院王果老师提示。

② 此承科大卫（David Faure）教授提示，特此致谢！

③ 一个很重要的因素是，四川在北伐后虽表面归顺了国民政府，实际却基本维系着北洋时代的政策（国民党中央要到1935年才开始真正“进入”四川，能干预到具体的治理就更晚），与注重税收的国民党政府不同。正是这没有受到国民党政策影响的统治方式，使曾经背负着几十倍赋税重担的川人，后来长期支撑了抗战时庞大的中央政府和军事机构。

然而，清季民间尚有余财不假，却也不是无尽的活水，可以源源不断。当时税收确实不算重，即使清季新增的各种临时捐税，与后来或与外国比较，绝对值也不一定很高。[①] 但数字现实是一事，心理承受能力又是一事。对从前不怎么出钱的人来说，新增部分数量如此大、种类如此多，已经特别“沉重”了。为增加财政收入所付出的社会成本，可能非常高昂。对本已面临着普遍不信任情绪的清季政府而言，这类作为直接违背不与民争利的传统观念，属于典型的苛政，更是“失道”的表现。

在上无拨款的大背景下，新政举措的主要开支实际只能依靠民间。各级官员对动员社会力量的态度本各不一样：趋新者可能勇于任事，守旧者便无意与民争利；有的人或因官场积习而出以敷衍，有的人可能看到民间反弹的危险而不敢过于积极。结果是逐渐演化出一个非常可怕的倾向，即新政逐渐流于一种纸面的作为。很多地方官还真不是要敷衍，确有不得已之处。盖不论社会的物质潜能有多大，都是一个常数，不可能取之不尽，用之不竭。而新政的特点是层层加码，越来越全面。用时人的话，就是所谓“繁兴”。这当然代表了朝廷改革的诚意，却也因“不欺骗人民”而付出了沉重代价。

---

① 前引潘宗礼的条陈就说，日本“区区三岛，进出款项，几四五倍于我”（《袁世凯奏议》，第1261页）。痛斥苛捐杂税的梁启超也承认：“以各国租税所入与吾相较，则吾民之负担似不得云重。”（梁启超：《上涛贝勒（载涛）书》，丁文江、赵丰田编：《梁启超年谱长编》，第505页）

3. 新政繁兴导致纸张天下

蒋梦麟曾说，在中国这样的“学者之国”，尽管改革的过程缓慢，在某种倾向性形成后，“一旦决心改革”，又“总希望能够做得比较彻底”。[①] 前引袁世凯所期望的“百废俱举”，就代表着一次性解决全部问题的普遍期望。据梁启超对清末世风的观察，面对各种事情，若“谓其一当办，而其它可无办焉，不得也；谓其一当急办，而其它可缓办焉，不得也。于是志士热心之极点，恨不得取百事而一时悉举之，恨不得取百事而一身悉任之”。[②] 类似的风气，在新政期间得到充分的反映。

尤其在进入筹备宪政阶段后，朝廷更是“朝设一署，暮设一局；今日颁一法，明日议一章”，甚至“朝设一署，暮颁一法令。条诰雨集，责吏民以奉行”。梁启超也承认：“国家凡百庶政，无一不互相连属。”但“一国财源只有此数，而应办之事太多，则权其轻重缓急，而分配务使得宜”。也只有如此，才可收纲举目张之效。而实际则“本末倒置者，不知凡几”。尽管中央“文告急如星火，而一语及费之所出，则不复能置词”。每一新政出，即“饬该省督抚，无论如何必须先尽此款”。但“督抚虽极公忠，

---

① 蒋梦麟：《西潮》，第178—179页。

② 梁启超：《新民说》（1902—1903年），《饮冰室合集·专集之四》，第157页。

虽极多才，而无米之炊，云何能致？”[①]

梁启超所谓“条诰雨集”“文告急如星火”，既体现出朝廷对推行新政的急迫态度，却也已颇有杜亚泉稍后所说的“纸张天下”的意味。[②] 随着新政的“繁兴”，上面要求的改革措施一天比一天多，对此应接不暇的各级官员，不得不将其做成了官场的应付文章。到1911年，学部某视学员获悉，当时州县官仅应付“填表一层，已大见困难”，遑论办事。即以学务论，要给督抚、藩司、提学司、道、府分别填表五份，不得不“日夜为之”。故“各省学务，有名无实者居多，而外州县尤甚”。且“从前新政惟学务一种”，地方官“尚有尽心力者。今日新政名目既多，不止学务一种。则惟有一概置之，而专于表面上做工夫”。[③]

清季官僚体制的积重难返是不容讳言的，前引御史黄瑞麒的奏折已点出了“空言粉饰、取具文告”的官场风习。指责他人粉饰和自称绝不敷衍的表述，在当时的官文书中频繁可见。一方面，追随朝旨表态积极者，不论是否真做，往往能得以升迁。另一方面，各省疆吏对政府所下之令，有时也可以抗不奉行；若“迫于严切之诏旨，不敢据理力争，而其势又万不可行，则相率

① 梁启超：《上涛贝勒（载涛）书》，丁文江、赵丰田编：《梁启超年谱长编》，第502—504页。

② 参见杜亚泉：《减政主义》，《杜亚泉文选》，第16页。

③ 《各省学务腐败之原因》，《申报》，1911年6月26日，第1张第5版。

以阳奉阴违了事，以免政府之催督”。[①] 也就是说，主动的粉饰和被动的敷衍，都已成为官场常见现象。

梁启超就曾指出，当时朝廷无款，多“责督抚以报效”。而各督抚所认报效常逾千万，以“买政府欢心，得为升迁之资”。其一旦升迁，则认报效之责就转归后任。即使不得升迁，也往往“迁延年余，实缴者不及二三十万”。且这也不能怪督抚，各省“每岁所入，仅有此数；而待支之款，百出而不穷”。中央每个部门都要求先完成其所管辖之门类，实则全都完不成，“政府亦无辞以相难”。虽“人人明知外患内忧之岌岌不可终日，顾各怀得过且过之心”。其结果，京师与各省，不过“文牍往还，涂饰了事”。[②]

这正是杜亚泉所说的“纸张天下”。在杜氏看来，清季“政治所以纷繁纠杂者，正因官吏太多，彼此以文牍往还，以消日力”。故“当局以张皇粉饰其因循，朝士以奔走荒弃其职务。问其名则百废具举，按其实则百举具废”。他的预测，后果不出两途：“一曰迫于财政之困乏，仅仅维持现状而不得，则敷衍益甚，而几等于销灭；一曰不顾民力之竭蹶，益益进行现在之政策，则搜括愈力，而终至于溃决。”更可怕的则是“一方面行其敷衍之

---

① 《论中央集权之流弊》（录七月初二日《中外日报》），《东方杂志》第1年第7期（1904年9月），第148页。

② 梁启超：《上涛贝勒（载涛）书》，丁文江、赵丰田编：《梁启超年谱长编》，第504—507页。

策，而政治销灭于上；一方面尽其搜括之实，而经济溃决于下；大局遂不堪问矣”。[①]

实际上，那时发生“民变”的频率已大增。《国风报》一篇讨论“民变”的文章，就直接归咎于新政导致的官场腐败。盖因“考成所关，悉在于是”，上下都把新政挂在口上，“上官之督责文书，以责成其属僚也，但曰举办新政；属僚之奔走喘汗，以报最于上官也，但曰举办新政”。虽“敝精费神，曾无实效；涂泽粉饰，上下相蒙”。更有“不肖之吏，且假非驴非马之新政，以肆其狼贪羊狠之私谋，驱其民而纳之罟擭陷阱之中，以至激成大变”。[②]

更严重的是，由于上下都在条文上努力，一些新的举措不过是摹拟外国，表现出想象领先、已不那么熟悉自身国情的现象。例如，仿行宪政时的一项要务，也是最不受老百姓欢迎的举措之一，就是摹拟外国的各类“调查”。当时的思路，开发富源，先要知道各地有什么，故应调查；要选举，就先要知道有多少选民，所以要实行户口调查；等等。然而，开发富源一类，的确向不为政府所关注；像户口这样的大事，过去何以不知其详？是故意的？还是无意的？若过去已知，本不必调查，就可按既有数据实行选举。

---

① 杜亚泉：《减政主义》，《杜亚泉文选》，第13—16页。

② 长舆：《论莱阳民变事》（1910年），《辛亥革命前十年间时论选集》，第3卷，第657页。

故"调查"的需要不仅是外来的，也揭示出一个思路，即政府以及部分民间士人已经认识到，他们对于国情的了解是不足的。而这不足，既有真正的不足（因为小政府不需要足），又与外来影响不可分。近代中国的各种外在对比项，本已具有很强的想象意味；[①]后来对自身国情的认识，也出现了连带性的想象。如前所述，近代一些肯说话、愿意说话也能说话的人形成了所谓"舆论"，影响着朝野的决策。但很多时候，这些人或不过是摹拟外在的认知，又胆大敢说而已，他们有时并不真正了解自己的国家和国民。

不幸的是，梁启超自己就是这类人中的一个。他在通过日本输入西方观念的同时，也"借鉴"或引申性地"发现"了一些中国的"国情"。可怕的是，类似的观念后来却被制定政府政策的人所采纳，而成为了国策。梁氏在1896年说：国强基于民智，而民智的基础是天下人都能读书识字。"德、美二国，其民百人中，识字者殆九十六七人。欧西诸国称是。日本百人中，识字者亦八十余人。中国以文明号于五洲，而百人中识字者不及三十人。"[②]这大概是根据当时各国国势强弱反推出的想象判断。在梁启超眼中，中国的识字率虽远比列强低，到底也还接近30%。在

① 参见罗志田：《国家与学术：清季民初关于"国学"的思想论争》，生活·读书·新知三联书店2003年版，第50—51页。

② 梁启超：《沈氏音书序》（1896年），《饮冰室合集·文集之二》，第1页。按《饮冰室合集》之中国识字者为"不及二十人"，此据《时务报》改。

后来的认知中，这一比率则大幅降低。到1908年，宪政编查馆定出的筹备立宪目标，“人民识字义者”竟然要到筹备第七年才可以达到1%，第八年达1/50，第九年到1/20。[①]

不过十余年，在当时政府官员眼里，素重教育的中国基本已成一个极少有人识字的蛮荒国度了。若不求精确，识字率本不难知大概。此虽一例，却可推见其余。故清末朝野对人对己的不少认知，都已建立在想象的基础之上。如果朝野对国情和外情的了解如此，其所推动和实施的各项改革措施，到底是基于想象还是现实？到底有多少是基于想象？又有多少是应对现实？恐怕都需要进一步探索。仿行宪政时一些摹拟举措，确属无的放矢，应是新政不成功的一个重要因素。有些相关的努力，或许真如冯友兰后来所说，只能“壮纸片上之观瞻”。[②]这样，清季新政已进入一个非常危险的阶段。

4. 小政府和大政府的紧张

与此前的“弱国家”相比，清廷已经变得非常强有力了。但其并未准备彻底改变其政治模式，因而也无意从根本改变其政

① 参见《宪政编查馆资政院会奏宪法大纲暨议院法选举法要领及逐年筹备事宜折（附清单二）》（1908年），《清末筹备立宪档案史料》，上册，第665—666页。

② 冯友兰：《新学生与旧学生》（1918年9月），《三松堂全集》，第13卷，河南人民出版社1994年版，第619—623页。

治伦理。当年推行新政时，凡遇“地方”之事，尤其涉及款项者，相关的政府公文中可见一条很重要的内容，即“官不经手”。如1905年的《天津四乡巡警章程》就规定，办巡警的经费，“皆责成绅董，官不经手”。而袁世凯在呈报章程的奏折中也说，巡警月饷“由村董酌定支给，官不经手”。当然，这是袁世凯所谓“官绅联合”的模式，故“官弁薪工马匹杂支”等费，仍“由官发给，以示体恤”。[①]

这一取向表述出一个很明确的原则，就是官（中央和地方政府）既要主导，又不起具体作用，似也仅承担有限的责任。换言之，小政府已进入政府官员的下意识层面，成为自觉的政治伦理，故其在意识层面对自身角色也有较清晰的定位。类似规则特别能体现过渡时代的转折，由官方督办领导的乡村巡警，显然是一种新的体制；而经费上仅象征性地参与，又维持着既存的政治伦理，是小政府模式的一种自然延续。

与“官不经手”类似的一个当时表述是“劝”，甚至可说这是清末新政的一个关键词。1907年地方官制改革，各直省均设立劝业道，以及后来地方设立的劝学所、劝学员等，这些以“劝”

① 袁世凯:《拟定天津四乡巡警章程折》（1905年8月）及所附《天津四乡巡警章程》,《袁世凯奏议》，第1172、1170—1171页。学部次年的《劝学所章程》也规定，劝学员在本管区内筹款兴学，“此项学堂经费，皆责成村董就地筹款，官不经手”。学部:《奏定劝学所章程》（1906年5月），《中国近代教育史资料汇编——教育行政机构及教育团体》，朱有瓛等编，上海教育出版社1993年版，第62—63页。

为名的机构和人事设置中，大体均表明官方既要主导而又仅有限参与，折射出后人眼中的国家与社会那互为交结的一面（详另文）。

在外来思想观念的影响下，朝廷较前更主动更有力地参与了各项新政事务；同时又对“国家”功能有明确的认识，始终坚持“国家”只起倡导和推动作用。从“官督商办”到“官不经手”“官绅联合”等，都表明清廷大致还在坚持“小政府”的行为伦理。从主观意愿看，清廷虽已从不作为的消极态度走向有作为的积极取向，然其试图扮演的，仍只是一个“积极的小政府”角色，并不希望变成一个实际的“大政府”。然而，因为其面临的退虏、送穷任务既迫切又艰巨，实际却不能不一步步走上“大政府”的不归路。

故清季的现实困境是，一个小政府的机构，却不得不行使大政府的职能；不仅思想上没有充分的准备，在政治伦理、行为模式和体制方面，也都缺乏足够的预备。朝廷如此，民间亦然。但就是在这样的背景下，清廷却仓促进行了一系列具有根本性的制度改革。从废科举到筹备立宪，件件都是以千年计的巨变。

今人常说中国人缺乏法制观念，恐怕多是以其心目中某种特定的“法制”概念来反观中国现象。君不见戊戌维新时康有为就呼吁要从根本上一举改变“大经大法”，而最主要的反对意见则是动辄曰新法“有违祖制”吗？双方关注的重心，恰是法与制，以及法制基础上的法治。而当时“变法”一语的产生，并被后人用以概括那一时段的改革议论和举措，都体现了强有力的法制观念。

另一方面，向为人所诟病的“人治”，也有其长处，即对“人”的重视超过“制度”。梁启超的“新民”说，似乎还能体现这一传统。他曾指出：“苟有新民，何患无新制度？无新政府？无新国家？非尔者，则虽今日变一法，明日易一人；东涂西抹，学步效颦；吾未见其能济也。”中国“言新法数十年而效不睹”，就是因为过重新法，而忽略了“新民之道”。[①]

但梁氏和他老师康有为一样，是一个贯彻“得君行道”之路的人，他也一向特别重视制度尤其官制的改变。而清末官制改革，恰体现出一种由人向制度转移的态势。1906年，出使各国考察政治大臣戴鸿慈和闽浙总督端方奏请改定全国官制时，便强调日本“宪法之推行有效，实由官制之预备得宜”。关键是其后隐伏的准则：“未改官制以前，任人而不任法；既改官制以后，任法而不任人。”前者若“法既敝，虽圣智犹不足以图功”；后者则“法有常，虽中材而足以自效”。[②] 次年，御史黄瑞麒也上奏说：立宪国的实质是法治国，“法治国任法而不任人，人失而法不失，故其国能长治久安；非法治国任人而不任法，人失则法亦失，故常朝治而夕乱”。[③] 时人这样的表述尚多，都指向一种重制度而轻人的思路。

---

① 梁启超：《新民说》（1902—1903年），《饮冰室合集·专集之四》，第2页。

② 戴鸿慈、端方：《奏请改定全国官制以为立宪预备折》（1906年），《清末筹备立宪档案史料》，上册，第367—368页。

③ 黄瑞麒：《奏筹备立宪应统筹全局分年确定办法折》（1907年），《清末筹备立宪档案史料》，上册，第315—316页。

类似观念现在仍很流行，但钱穆却视之为清末的失误。他以为，既然要效法西方实行选举代议制，就“应该改变传统演变下的内在流弊，看重活的人超过于看重死的法，随时好让多数的意见来更改向来规定的法制，让人心在法外多留活动之余地”。而晚清的政治积弊，“则仍在纸面文字上用力，一切要求制度化，认为制度可以移植，不必从活的人事上栽根”。当时人相信“制度可用来束缚限制人”，却“不知一切政治上的变化，正是活的人要求从死制度中解放”。当年抄袭西方，不免“牺牲了活的人，来争死的制度”，结果“仍成为一种敷衍、文饰、虚伪与腐化，始终没有把社会人心要求变化的内在活力引上正路”。[①]

钱先生另有一些具体论述，我们不必拘泥。其所论最具启发性之处，在于强调“让人心在法外多留活动之余地”，以及“把社会人心要求变化的内在活力引上正路”。而晚清变法以及此后的很多改革和革命，都未能避免“纸张天下”的特色，上下都更多在条文上努力；故虽在在反映出“社会人心要求变化的内在活力”，却相对忽视了“社会人心”本身的“内在活力”。人的心力永是活泛的，并无固定的方向和目的；若论群体性的“社会人心”，能动程度更不可小视。即使在承平时代，其表面或状如止水，内里仍生机勃勃；若在危险与机会并存的乱世，一旦借外力而形成奔腾的怒涛，更非一般力量所能遏止。

---

① 钱穆:《国史新论》，生活·读书·新知三联书店2001年版，第111、113页。

可以说，新政的推行很大程度上已经超越了本已不堪重负的中央财政的承受力，解决之道有二：一是进一步加征各种临时性的税费，或据西方学理大幅度增加正式税收，两皆可能造成民众对于新政的敌视；二是借外债，却被不少时人和后之研究者视为“出卖国权”。两者当时都得到采纳实施。但对当下出钱的人来说，临时性的征收与常赋差别不大（仅心理层面略好）；而借钱总要还，最后还是要转嫁到基层的百姓身上。所以，为富强而大幅增加开支，是一个让人非常不愉快的事情。在此诸多令人不满的现象背后，都潜藏着结构性的体制变更，并要求政治伦理也有相应的转变。

小政府模式的基本准则就是政府不作为或少作为，只有不扰民的政府才是好政府。如果政府要有作为，就需要花钱。大政府的观念是很晚才传入中国的，对改变了思想方式的今人来说，政府要为人民服务，就要向人民收钱；就像人民在议院里要有代表，政府才能体现人民的意愿一样。这些都是近代西方典型的大政府观念。而小政府的不作为，是基于对国家机器“自主性”的某种体认（与权力永远导致腐败、故政府不可信任的西方观念表述虽不同而相类）。即使不言抽象的政治伦理，进一步的问题是，早已习惯于小政府的中国老百姓，能信任当时转变中的政府吗？

在具体举措方面，明知因富求强才是正途，但当时提倡的生利之法，均非可有款项立至，不能短期解决问题，正所谓缓不济急。若政府改变体制，直接参与理财，便违背了不与民争利的传统，既是一个根本的转变，也是一种非常危险的尝试；且任何正确的理财方法，也不可能少米多炊，更不能为无米之炊。如果徒然实行修改税收制度等敛钱之法，且不说很难在短期内筹集巨款，同样的问题是，普通民众真能如潘宗礼所想象的那样知所纳之税的用途就愿意缴纳吗？若百姓不理解而民怨激增，恐怕就不能给政府以继续改革的时间了。

换言之，若不解决小政府的问题，清廷已陷于一个诡论性的（paradoxical）微妙处境：不改革则不能解决问题，而要推行新政就需要花钱；且多一项改革举措，就增进一步经费的窘迫，直至破产。这基本就是一条不归路——不作为则显无能，欲作为则无财力，而解决之道更处处威胁自身的统治合道性。即使没有其他事情发生，这样的情况也维持不了多久。故芮玛丽认为，正是清政府的改革摧毁了这一推行改革的政府，因为它不能控制其自身政策造成的加速度。[①]

不过，这只是一个带有后见之明的分析。如前所述，当时社会的物质潜能到底有多大，是一个尚需斟酌的问题。例如，像梁启超这样的人便认为社会仍具可开发可整合的巨大潜力，只要理财方法正确，即刻便可获取数倍于当时岁入的款项。但问题在于，由于朝野的政治伦理并未出现根本转变，任何民力的“开

---

① 参见Mary Wright, “introduction”, in idem ed., *China in Revolution: The First Phase, 1900–1913*, p. 50。

发”都会被视为盘剥（且不说实际操作中确曾出现借此盘剥的现象），则社会力量的动员本身，可能就是对政府的一道紧箍咒。

当时局势的确非常困难，却也不是毫无转圜的可能。很多人确以为要变天了，同时也有不少人在努力，还有更多人在观望。简言之，以革命的方式解决问题，并不一定是“必然”的，也不是唯一的选择。如前所述，主张革命和改革的人，可能是为了一个相同或至少相近的目标。而改革与革命演成对立的态势，并最终被革命取代，有可能是对达成目标的方式、速度等方面的歧异。然而改革毕竟走向了革命，其间从政府领导能力到士人心态等相关问题，尤其是立宪与革命两个选项的竞争及时人对其正当性的论证，是下文要接续探讨的重要内容。

四、自上而下的立宪

上文最后说到，尽管当时局势确已非常困难，却也不是毫无转圜的可能。以革命的方式解决问题，并不是唯一的选择。以立宪为表征的革政，就是中国出路的一个选项。故革政与革命，实为当时中国两种出路的竞争。部分或因前述从边缘到中心的“舆论”往往可以影响决策，以类似“得君行道”模式进行自上而下的改革，是清末改革的一个重要特色。而改革最终被革命取代，是因为其结构性困境充分暴露，却又无法回头，形成进退两难的局面。大致从那时起，革政遂不复能与革命竞争，而逐渐转化成为革命的助推器。故清季的立宪，实有着重考察分析的必要。

1. 意在富强的立宪国策

日俄战争之后，立宪越来越被看作通向富强的必由之路。端方的奏折就一再强调，日俄战争表明，“立宪与否”就是“兵强国富与否之原因”。据他在外国考察，“东西洋各国之所以日趋于强盛者，实以采用立宪政体之故”。中国若“内政不修，专制政体不改，立宪政体不成，则富强之效，将永无所望”。如“欲国富兵强，除采用立宪政体之外，盖无他术”。[①] 稍后仿行立宪的上谕也明确肯定：“各国之所以富强者，实由于实行宪法，取决公

① 端方等:《请定国是以安大计折》(1906年8月26日),《端忠敏公奏稿》,(台北)文海出版社1967年影印版(沈云龙主编《近代中国史料丛刊》第10辑),第702—705页。

论”。[①] 到1909年4月，学部奏折再次肯定“立宪之效，必以富强为归”。[②]

晚清的富强国策本有几分被动，即黄遵宪所谓“避祸全生”。立宪亦然，常被不少人视为一种摆脱危机、解救危局的脱困举措，带有不得不推行的被动意味。《东方杂志》的署名文章当时就指出：“吾国有立宪之谋，乃剥肤于敌国外患，被动所生，而非主动，此无可讳饰者也。”[③] 尽管如此，这样一种以立宪致富强的取向，仍体现出一种积极正面的努力精神。

作为一种国家行为，立宪究竟是积极主动还是消极被动，实有很大的差异。时人已感觉到这一点，以为有必要弄清“将以立宪为兴国之目的乎？抑以立宪为救亡之手段乎？”前者近于“好事喜功之发动”而“欲大有为”，后者则是出于“天时人事之交

---

① 《宣示预备立宪先行厘定官制谕》（1906年9月1日），《清末筹备立宪档案史料》，上册，第43页。

② 学部：《奏报分年筹备事宜折》（1909年4月），《教育杂志》第1年第4期（1909年5月），（台北）商务印书馆1975年影印版，第314页。在既存研究中，王人博特别强调了晚清立宪的目标是富强，亦即宪政是走向富强的工具，故中国宪政与西方宪政的关怀不同。革命党人与立宪党人的争论，基本也是何者更能使中国富强，而不是立宪或共和两种政体的优劣与否。参见王人博：《宪政文化与近代中国》，法律出版社1997年版，第251页（更详细的讨论见该书第七章）。

③ 蘧照：《人民程度之解释》，《宪政初纲》（《东方杂志》临时增刊，光绪三十二年十二月，约1907年1月），第5页（门类页）。

迫”而“不可不为”。[①] 从清廷的整体作为看，在立宪国策的确立方面，显然有些踌躇；而在政策确定之后，却推进得雷厉风行（至少中央政府非常急迫，已使多数地方疆吏难以接受），大体表现出一种被动中的主动倾向。

与此同时，随着革命的主张开始流行，清廷不得不以革政的方式与之竞争，以避免革命的发生。杜亚泉稍后即说：“吾国立宪之主因，发生于外界者，为日俄战争；其发生于内部者，则革命论之流行，亦其有力者也。”[②] 以立宪消弭革命的举措，基本也是一种被动的反应；但以革政的方式与革命竞争，仍表现出一种被动中的主动倾向。

在某种程度上，立宪与革命已成为中国两种出路的竞争。而对当局者而言，即使作为解救危局甚或避免革命的举措，立宪这一方式本身也充满了风险，甚至是危险。用时人的话说，这是一个改变“政体”以保存“国体”的取向——政权的保存更多是名义上的，而治权的转换却是根本性的。其手段的激进与目标的保守之间，隐伏着尖锐的紧张，前者在很大程度上直接威胁着后者。

---

① 《论立宪与财政之关系》，《广益丛报》第4年第30号（1907年1月13日），国计页1A。按该文作者认为立宪已是“救今日中国之急”的唯一手段，也是推行其余具体新政的基础，不可不立即进行。

② 杜亚泉：《通论》，杜亚泉等：《辛亥前十年中国政治通览》（原名《十年以来中国政治通览》，是1913年1月《东方杂志》第9卷第7号所附“刊行十年纪念增刊”），第24页。

对任何时代的任何当政者来说，做出这样的改革决策，都不可能是轻易的。在决策确定后，推行过程中的犹疑和反复，既是自然的，也会是持续的。而其间的审慎、迟缓和蹒跚，又都很容易被视作拖延和欺骗。[①] 换言之，要说清廷的立宪有多么主动和诚恳，显然过于理想；其尽可能延缓进程，蕲求某种扭转局势的奇迹出现，这样的心态也并非不存在。无论如何，以类似“得君行道”模式推行的立宪，有一个显著的特征，就是自上而下。尽管这一特点较少为后之研究者所关注，在时人眼里仍是非常明显的。甚至很多对立宪的怀疑本身，就产生于一种俗语所谓“天上不应掉馅饼”的质疑。

2. 自下而上的立宪先路

若追溯前程，清末立宪也曾经历了一个民间走在前面的阶段。如夏曾佑1907年所说：“我国之知立宪、专制之别，大约不过十余年。”[②] 甲午之后，中国留学生到日本，“首触其心目者，中外政教之大异”；遂得出“中国所不振如今日者，皆其专制之政

---

① 在当年的主持舆论者看来，立宪的整体进程便显得缓不济急。即使到立宪推行得非常急切的1910年，报纸仍感觉“何举动若是其寥寥？”强调“岁云暮矣，逝者如斯”，政府与国民皆不能“长此优游以卒岁”。参见毅：《一年内政府与国民之大举动》（续），《申报》，1910年1月30日，第1张第3版。

② 别士（夏曾佑）：《刊印宪政初纲缘起》，《宪政初纲》，第1页（门类页）。

体为之”的结论。[①] 到“戊戌维新”被终止之后，“革新之机遏绝于上，而萌发于下”，于是通过外国书籍知道并谈论宪法。[②] 据胡思敬的观察，“初由一二留学生敛钱设社研究，起发于上海。报馆助之，乃渐渍于学堂”。[③] 不过，真正有影响的，可能还是梁启超1901年发表的《立宪法议》。[④]

从那以后，大体是民间谈论立宪者日多（海外更有激烈的争论），而朝廷尚不以为意。[⑤] 夏曾佑在1904年描述“中国前途改革之象”说：“今之国民方以立宪为未足，而今之政府且恐专制之未工。上下之方向，过于相违，殆无可以和平了结之理。”[⑥] 但其间一个重要的转变，是立宪不仅在民间谈论，也出现在官员的

---

① 《论惟立宪而后有教育》，《大公报》，1904年10月8日，第2版。

② 杜亚泉：《通论》，杜亚泉等：《辛亥前十年中国政治通览》，第24页。

③ 御史胡思敬：《奏立宪之弊折》（1910年10月27日），《清末筹备立宪档案史料》，上册，第346页。

④ 梁启超：《立宪法议》（1901年），《饮冰室合集·文集之五》，第1—7页。吴樾就说：“立宪之声，嚣然遍天下，以诖误国民者，实保皇会人为之倡。”吴樾：《意见书》（1906年），《辛亥革命前十年间时论选集》，第2卷，第391页。

⑤ 参见亓冰峰：《清末革命与君宪的论争》（台北“中研院”近代史所1966年版），张朋园：《立宪派与辛亥革命》（台北“中研院”近代史所1969年版），张玉法：《清季的立宪团体》（台北“中研院”近代史所1971年版），韦庆远、高放、刘文源：《清末宪政史》（中国人民大学出版社1993年版）和侯宜杰：《二十世纪初中国政治改革风潮——清末立宪运动史》（人民出版社1993年版）各书的相关章节。

⑥ 夏曾佑：《时事感言》（1904年2月），《夏曾佑集》，杨琥编，上海古籍出版社2011年版，第134页。

奏折中。[1] 到日俄战争结束后，由于袁世凯和端方的努力，立宪主张“渐达天听”。[2] 如前所述，因立宪能安皇室的说法被接纳，其朝中阻力逐渐消灭，立宪终成朝野的共识。

且立宪不仅被认为可以安皇室，也能解决满汉矛盾等各种问题。[3] 用朱执信的话说，类似见解“其倡者一二无赖，而和者乃遍中国；相与鼓吹张皇之，使深入于士民之心”。[4] 大概从1905年起，立宪已成朝野共识，遂出现前引“立宪”二字成为“中国士夫之口头禅”的现象。这个转变非常迅速，夏曾佑在前一年还以为“今试向执政诸公而语之曰，中国当改政体，当改专制为立宪，鲜有不怒且叱者”；[5] 此时却已在担忧中国的立宪有“专务虚名”而“藉以为应酬之用”的倾向了。[6]

这更是一个根本性的转变，且越来越彻底。后来易宗夔在资

---

① 邓实观察到：“立宪之声，已遍传于草野，而宫府不闻也；立宪之文，已交奏于臣工，而政府依旧也。”邓实：《鸡鸣风雨楼民书·民政第七》（1904年），《光绪甲辰政艺丛书·政学文编卷三》，第16B页（卷页）。杜亚泉稍后也总结说：“疆吏之陈请、人民之请愿，皆立宪发动之助因。”杜亚泉：《通论》，杜亚泉等：《辛亥前十年中国政治通览》，第24页。

② 胡思敬：《奏立宪之弊折》（1910年10月27日），《清末筹备立宪档案史料》，上册，第346页。

③ 参见载泽：《奏请宣布立宪密折》（1906年），《清末筹备立宪档案史料》，上册，第175页。

④ 蛰伸（朱执信）：《论满洲虽欲立宪而不能》（1905年），《辛亥革命前十年间时论选集》，第2卷，第116页。

⑤ 夏曾佑：《论出洋诸钦使奏请变法事》（1904年3月），《夏曾佑集》，第150页。

⑥ 夏曾佑：《再论扮演》（1905年6月），《夏曾佑集》，第349页。

政院提议剪辫易服，胡思敬就感叹："不图海外之逆书，忽变而为公朝之议案。"[①] 而对于内阁代君主负责之说在朝中兴起，他更点出这一转变的彻底性："使雍正、乾隆之朝而有是言，两观之诛，何以逃罪？今众口并为一谈，牢不可破。"胡氏清楚地看到，只有朝廷先做出决策，然后"二三浮薄希宠之徒"才可以"相与鼓煽其间"。[②]

若结合朱执信、胡思敬二人的话共观之，则立宪先由"一二无赖"提倡，继经"二三浮薄希宠之徒"附和。当时最保守者和最激进者的概括，实相当接近。这一共性揭示出，尽管从历时性的视角看，立宪已是石破天惊的根本性巨变，但在共时性的语境中，立宪却还是一个介于激进与保守之间、同时也面临着双方抨击的举措。不过，革命党方面的攻击更多在海外，而守成者的反对也仅部分公开（由于这是既定的国策，很多心存不满的官员不能不取自我禁抑的态度，甚或以表面支持而实求延缓）。大体上，立宪已成大势所趋。

就其发生和发展的途径看，立宪无疑经历了一个自下而上的过程，但不过几年，起自民间的思路渐具朝野共识。或可以说，朝廷派五大臣出洋考察政治时，即已基本倾向于立宪，不过是为

---

① 胡思敬：《请查办奸人倡剪辫易服煽乱人心折》（宣统二年十一月），《退庐全集·退庐疏稿》，第991页。

② 胡思敬：《奏立宪之弊折》（1910年10月27日），《清末筹备立宪档案史料》，上册，第346页。

一项半公开的既定政策寻求支持，以增强其正当性。当年报纸就注意到，自考察大臣归国到下诏宣布立宪，历时仅一个月。[①]可知立宪之意先已预定。而民间也读懂了上意。自五大臣出洋，“薄海人民，咸知朝廷实有与民更始之意，而希望立宪之情乃益切”。驻外使节和枢臣疆吏，“亦纷纷奏请立宪”。[②]到其正式被确定为国策后，立宪就基本形成一个自上而下强力推动的态势。这是宪政能够风靡的主要基础，也是一个不可忽视且值得进一步考察的倾向。

3.立宪的自上而下特征

鲁迅后来说：“中国太难改变了，即使搬动一张桌子，改装一个火炉，几乎也要血；而且即使有了血，也未必一定能搬动，能改装。”[③]但清季则朝野皆感外国立宪必流血，而中国不仅不流血，且上比下积极。当出洋考察五大臣被行刺时，夏曾佑就提出：“天下各国民人要求朝廷立宪，朝廷不许，致有种种凶险之举，此为国家之常事。而惟我国，则朝廷深欲立宪，而民人抛炸弹以止之，亦何其可怪之甚哉？”[④]夏氏指出了一个重要的差异，

---

① 参见《立宪纪闻》，《宪政初纲》，第5页（门类页）。

② 同上书，第2页（门类页）。

③ 鲁迅：《娜拉走后怎样》，《坟》，《鲁迅全集》，第1卷，人民文学出版社1981年版，第164页。

④ 夏曾佑：《论车栈行刺之可怪》（1905年9月），《夏曾佑集》，第375页。

即中国立宪本是摹仿外国，其进程却与外国颇不相同——外国立宪多自下而上，中国立宪却表现出自上而下的特征。

这一特征，其实当年政治立场不同的各方面人士都已共同注意到了。革命党人汪精卫先就指出："立宪事业，满洲政府实司其柄，自定宪法，以规律大权之行动，其势至强。"他更明言，这是满洲政府"自率已意，以定宪法，于国民何与焉？"[①]后来《民立报》的社论也指责，似这样没有国民参与的宪法，纂拟则不啻拟旨撰诏，颁布亦类同发号施令。[②]汤寿潜私下说："以五千年相沿相袭之政体，不待人民之请求，一跃而有立宪之希望，虽曰预备，亦极环球各国未有之美。"[③]《东方杂志》则公开说，立宪诏书和改官制的上谕中都表述了"民格不及、程度不足"、"民智不足"之意；"质而言之，即谓下之自谋，不若上为之谋也"。[④]此虽可见婉转的指责，但仍指出了实质，即立宪本非"下之自谋"，而更多是"上为之谋"。如考察宪政大臣于式枚稍后所奏陈的，历来"中法皆定自上，而下奉行"。[⑤]

---

① 精卫：《满洲立宪与国民革命》，《民报》第8期（1906年10月），第21—22页（文页）。

② 参见海空：《论国民宜急起参与宪法（社论）》（1910年12月11日），《民呼、民吁、民立报选辑》，马鸿谟编，河南人民出版社1982年版，第574—576页。

③ 汤寿潜致瞿鸿禨（1906年），《瞿鸿禨朋僚书牍选（下）》，《近代史资料》总109号（2004年8月），第56页。

④ 蘧照：《人民程度之解释》，《宪政初纲》，第8页（门类页）。

⑤ 考察宪政大臣于式枚：《奏立宪必先正名不须求之外国折》（1908年），《清末筹备立宪档案史料》，上册，第336页。

所有这些人都看到并指出了一个共同点，即此时的立宪，是自上而下的。且正因是自上而下的，似乎还来得太容易。邓实在1904年还慨叹“革命难矣，而革政抑亦不易”。他很担心立宪的希望可能会“望之终古而已”。① 到立宪上谕颁布后，夏曾佑转感叹：“自古立宪之迟，莫如中国；自古立宪之易，亦莫如中国。”②

换言之，这次是朝廷主动要立宪，而不是被要求立宪。且后来朝廷的表现似乎越来越“主动”，不论其是否情愿，开设国会的期限确实越缩越短。到1910年11月4日（宣统二年十月初三日），清廷颁布上谕，宣布开设国会的期限缩短三年，于宣统五年即开设议院。诏书指出：由于时势危迫，“日甚一日”，且“内外臣工，强半皆主张急进”；朝廷“宵旰焦思，亟图挽救，惟有促成宪政，俾日起而有功。不待臣庶请求，亦已计及于此”。③

这一上谕明确了立宪开国会是为了应付危迫的时势，承认了内外臣工“强半皆主张急进”（其实很多督抚主张速开国会是别有所图）的现实，并强调了朝廷“不待臣庶请求”已在筹划此

① 邓实：《鸡鸣风雨楼民书·民政第七》，《光绪甲辰政艺丛书·政学文编卷三》，第16B页（卷页）。

② 别士（夏曾佑）：《刊印宪政初纲缘起》，《宪政初纲》，第1页（门类页）。

③ 宪政编查馆录：《提前实行立宪谕》（1910年11月），《中华民国史档案资料汇编》，第1辑，中国第二历史档案馆编，江苏人民出版社1979年版，第128页。

事。这大体应非虚言，而系实述。盖对朝廷在立宪方面的主动，连政府中人也有疑虑。稍早在大臣讨论立宪的会议上，据说铁良就提出：

> 吾闻各国之立宪，皆由国民要求，甚至暴动。日本虽不至暴动，而要求则甚力。夫彼能要求，固深知立宪之善，即知为国家分担义务也。今未经国民要求，而辄授之以权；彼不知事之为幸，而反以分担义务为苦，将若之何？①

而袁世凯解释说，过去欧洲人民是因“积受压力，复有爱国思想，故出于暴动以求权利”。中国则朝廷崇尚宽大，故“民相处于不识不知之天，而绝不知有当兵纳税之义务”。故“各国之立宪，因民之有知识而使民有权；我国则使民以有权之故，而知有当尽之义务”。吾辈之责任，在“使民知识渐开，不迷所向”。用瞿鸿禨的话说：“宪法之利于国者，在人人知当兵、纳税之义务，而可致富强；其利于民者，在人人可享法律之自由，人人有与闻国政之荣利，不啻上下互为报施。”②

袁的回答道出了立宪的一项要素，即开民智而使之有权利义务观念。一般宪政研究似较少述及教育，其实宪政乃新政之一

---

① 本段与下段，《立宪纪闻》，《宪政初纲》，第4页（门类页）。

② 瞿鸿禨拟：《复核官制说帖》，《瞿鸿禨奏稿选录》，周育民整理，《近代史资料》总83号（1993年10月），第36页。

部分，其间教育始终得到强调，置于首要的位置。① 朝廷的具体预备立宪次序，也是先普及教育，以推行地方自治。这是从戊戌维新时期开始的以教育培养“国民”（对应于“臣民”）努力的延续，本是在野的趋新读书人向所提倡者，而得到了朝廷的采纳。时人认知中的“国民”，是要“与国家之兴衰有关系”，② 即不仅要有自治的能力和权利，更要知爱国；而爱国的一个主要表现就是多缴税还愉悦，同时也愿意当兵。张荫棠就明言，“立宪政体之善”，就在于“使民知国家者，君与己共之，爱国之心油然而生，然后肯牺牲财产以供租税，牺牲身命以为兵役”。③

同一“开民智”，有些人或许连带想到的是“兴民权”，朝廷则显然更看重使其“知有当兵纳税之义务”的一面。当时以教育培养国民爱国心的直接目的，大都在于“肯牺牲财产以供租税，牺牲身命以为兵役”。那时被视为袁世凯主要权力竞争者的瞿鸿禨，这方面看法与袁相类，他也说：“民智大开，民德日

---

① 参见Peter Zarrow, “Constitutionalism and Imagination of the State: Official Views of Political Reform in the Late Qing”, in idem. Ed., *Creating Chinese Modernity: Knowledge and Everyday Life, 1900–1940*, New York: Peter Lang, 2006, pp. 61-64。

② 罗振玉注意到，“近日东西教育家分人民与国民为二”，而“所谓国民者，已受义务教育，与国家之兴衰有关系之谓也”。若“人民之未受义务教育者，则不得冒国民之称”。罗振玉：《日本教育大旨》，《晚清中国人日本考察记集成·教育考察记》（上），王宝平主编，杭州大学出版社1999年版，第233页。

③ 出使美墨秘古国大臣张荫棠：《为时局危亟请速行宪政折》（1911年），《清末筹备立宪档案史料》，上册，第362页。

厚，夫然后下知当兵、纳税，而皆有急公好义之诚；上亦可予以自由闻政，而知有安分循理之责。”[①] 这些人之所言，大体仍是咸同以来官文书中最常见的筹饷、练兵二事。但不同的是，西来的权利义务观念在官员中已相当普及，并成为其论事的学理依据。

而铁良的疑问，或受到梁启超的启发。梁氏在1903年末曾摘译了斯宾塞与金子坚太郎讨论日本宪法的对话，关于各国立宪“大率皆由国民要求逼迫，或购之以血，而始得制定”；而日本乃“专制独裁之国体，民乐其化，未闻有要挟强逼之事”，却产生出宪法的说法，即起自斯宾塞的疑问。[②] 后来很多人的类似疑问，不过把日本换成了中国。考察宪政大臣于式枚即引用了“英儒斯宾塞尔”的同一质疑，从其用语看，显然出自梁启超的译述。[③] 尽管后来这些人都不曾提及梁启超，这一转换后的疑问显然已成为较普遍的看法。于式枚就说：

> 各国立宪，多由群下要求，求而不得则争，争而不已则乱。夫国之所以立者曰政，政之所以行者曰权。权之所归，

① 瞿鸿禨拟：《复核官制说帖》，《瞿鸿禨奏稿选录》，《近代史资料》总83号（1993年10月），第36页。

② 梁启超：《自由书·记斯宾塞论日本宪法语》（1903年），《饮冰室合集·专集之二》，第99页。

③ 于式枚：《奏立宪以保守渐进为主片》，《政治官报》，第10册，（台北）文海出版社1965年影印版，第229页。

即利之所在。定于一则无非分之想，散于众则有竞进之心。其名至为公平，其势最为危险。行之而善，则为日本之维新；行之不善，则为法国之革命。[①]

于式枚不仅道出了中国立宪与各国的不同，更指出了一个可能的反向结果：外国是因争权而致乱，中国则可能因授权而致乱。大学堂监督刘廷琛进而提出："欧洲各国立宪，皆因昏君暴相，肆行掊克，民不堪命，乃起而与政府相抗，几经流血而成。"中国则反是，民间未见什么抗争，朝廷则"持太阿之柄以示人，坐使国势纷攘而不安"。[②]刘廷琛的见解有和于式枚相近处，然更直截了当，明言立宪已导致了"国势纷攘"。不过，使臣张荫棠有相反的看法，他以为，各国由专制政体变为立宪政体，"俱不免有官民上下权限之相争"。而中国则"全赖朝廷预制机先，明决断行"，遂能"融洽党见，消弭隐患"。[③]

在革命党方面，则从预备立宪之诏初下时起，"有识之士即号于众曰：各国立宪无不由国民流血以购之，今我政府竟如是慷

① 于式枚：《奏立宪必先正名不须求之外国折》（1908年），《清末筹备立宪档案史料》，上册，第336—337页。

② 大学堂监督刘廷琛：《奏为宪政败象渐彰新党心迹显著请亟图变计以救危机折》（1911年3月），刘锦藻：《清朝续文献通考》，浙江古籍出版社1988年影印版，第11511—11512页。

③ 张荫棠：《奏陈设责任内阁裁巡抚等六项文职官制折》（1911年），《清末筹备立宪档案史料》，上册，第550页。

慨，而分权让利于吾民也，乌可得哉？"[①] 其态度虽是负面的，却也点出了立宪那自上而下的特征。当年倾向于革命者反对立宪的一个代表性说法，即天下没有平白而至的好事，若出现，不是假的，就是欺骗和阴谋。

雷昭性就分析说，宪法的实际功用，即"杀政府之权，而与人民以参政权"。通常政府都不愿意分其权力，故"各国立宪，其原动力皆发自人民。政府于百端抗拒阻挠之后，至于势不能支、力不能拒而后许焉"。而"吾国则政府为原动力，无须逼迫，而泰然分其权与人民，何其文明程度高于各国若是也！"和于式枚相近，他也视立宪为政府与人民之间的权利竞争，而政府显然是强势一方，故各国人民"于不得已之时而不免用激烈之冲突"。由此可知，宪法者，"大都由激烈时代人民逼迫而成，非可由平和时代政府酝酿而成"。前者"其宪法真"，后者"其宪法伪"。[②]

《民立报》的社论指出：宪法是"保护人民"而"束缚君权"的，"人民不起而立之，断未有君主肯起而立之"者；同理，国会也没有"人民不起而开之"而"君主肯起而开之"者。故"自来宪法，未有非国民能起而自立，而可以得美备之宪法者；自来国会，未有非国民能起而自开，而可以得有力之国会者"，若

① 铎人：《对于宪政之民心与立宪之不可得和平》（1911年），《辛亥革命前十年间时论选集》，第3卷，第814页。

② 铁厓（雷昭性）：《中国立宪之观察与欧洲国会之根源》（1910年5、6月），《辛亥革命前十年间时论选集》，第3卷，第698—699页。

“有恩许开之者，必非真正之宪法、真正之国会”。就算君主愿意与国民缔结契约，国民也当负起责任，“与君主立于对等之地位，开正式之谈判”，使宪法反映国民的意旨，而不能“坐视其自立宪而自开国会”。[①] 不论报纸的态度如何，最后一语仍点出了立宪更多出自朝廷的特征。

当然，朝野均不乏为立宪的自上而下特色辩护者。不仅有前引使臣张荫棠的意见，《大公报》也曾著文说，尽管“一国宪政之成立，必事事依赖政府”为“最不足恃”。然在专制国中，“政府之势力，实百倍于吾民。吾民既无实际之势力以左右政府，则所恃以提倡新政、维持大局者，仍不能不惟政府是赖”。[②] 与雷昭性所谓弱势只能以抗争影响强势的见解不同，《大公报》似乎以为，强势者未必不可能主动做正确的事。宋教仁则不同意，他认为，立宪显然“利于国民，而不利于国政府”；“利于汉人，而不利于满人”。在人我“利害不两立”的背景下，西太后必不能“舍己从人”。即使她能，其余满人也不能接受。[③]

这里的关键在于朝廷和人民是否只有权益对立的一面，或双方是否也有权益共同的一面。若彼此不仅是对立的，也是相互依存的，则立宪就不仅意味着政府对人民让权，而可能是双方均受

---

① 海空：《论国民宜急起参与宪法》，《民呼、民吁、民立报选辑》，第574—576页。

② 《论政府立宪之能力》，《大公报》，1909年12月13日，第3版。

③ 宋教仁：《清太后之宪政谈》（1905年8月），《宋教仁集》，陈旭麓主编，中华书局1981年版，上册，第17页。

益。即便从对立的一面看，人民不也还有纳税、当兵的义务吗？瞿鸿禨就以为，权利、义务二者相辅相成，若民智未开，“遽责以当兵、纳税之义务”，便可能“激之而生变”；若民不能尽义务，“而先予以享自由之利”，则“恣肆横决，其弊更不胜言”。[①]这样，假如政府真有意改革，未必即是俗所谓天上掉馅饼，而可能是弱势方与强势方在权益交换基础上的双赢。

那么，普通人民对立宪的态度究竟如何呢？

4. 谁想立宪

在上面多数人的言说中，人民均被视为真正立宪的受益者，但这更多或是读书人代民立言。人民自身是否这样看？他们有没有立宪的要求？胡思敬对此就有疑问。他分析说，欧西“由专制趋于立宪，必上下相争，大乱数十年而后定”。这是由于其专制过甚，“贵族蹂藉平民”，平民“非是不足以图存”。如果中国专制“亦如曩之英、法”，则“立宪可也”。退而言之，“使今日要求立宪之人，果系闾阎供租税勤本业之民，痛切于身，公推其长老豪杰，呼吁君门，冀解倒悬之厄，立宪亦可也”。然而中国专制实不甚，人民也并无立宪要求，“两者一无所出”，而“盈

---

① 瞿鸿禨拟：《复核官制说帖》，《瞿鸿禨奏稿选录》，《近代史资料》总83号（1993年10月），第36页。

廷聚讼，举国若狂”，其实不过是想学外国致富强，遂削足以适履。[1]

胡氏关于中外立宪不同的见解与上述诸人同，但他指出了当年立宪的另一重要特征，即人民未必那么想立宪，而是部分读书人在代民立言，甚或借民为言，则立宪在一定程度上也是一种“士变”。候补小京官王芷升也观察到，尽管立宪章程“皆保民之要策，乃窥探民情，多未认可”。他虽也将此归因于“民智未开”，但也婉转提出：“立宪之要，首在俯顺舆情。”[2] 当然，“舆论”对此就有不同的看法。如《申报》就说，对于开国会，“大抵人民主急而政府主缓”。自朝廷发布预备立宪诏令后，“人民之程度，日见增进，而政府且日行其反对立宪之手段”。[3]

究竟人民对立宪是否认可，恐怕要看“民”的指谓。胡思敬明确了他所说的是“供租税勤本业”的人民。而《申报》的“民”，或是指对应于朝廷的广义“民间”，其最活跃的部分，上乃定位于天下的清议，下则地方之士绅。[4] 于右任眼中的“人民”，

---

① 御史胡思敬：《奏立宪之弊折》（1910年10月27日），《清末筹备立宪档案史料》，上册，第345页。

② 銮仪卫候补经历王芷升：《条陈考察民情选练忠义军奖励工艺整顿学务等项呈》（1907年），《清末筹备立宪档案史料》，上册，第223页。

③ 《驳于式枚第二次反对立宪折》，《申报》，1908年7月20日，第1张第3版。

④ 说详罗志田：《国进民退：清季兴起的一个持续倾向》，《四川大学学报》2012年第5期。

就是这类人（不过是其中他不欣赏的一部分）。[①] 前述立宪的自下而上之“下”，更多也是想要“开民智”的趋新读书人，是他们形成了渴望立宪的“舆论”。而宪政的虚拟受益者人民本身，在其“智”未开之前，大致还是罗振玉所谓“未受义务教育”的“国民之候补者”。[②] 他们是否像这些士人一样看待自身与国家兴衰的关系，特别当“爱国”体现在多纳税和当兵之上时，早已对新政不满的人民，是否向往立宪，甚至是否愿意接受立宪，还真需要具体分析。

夏曾佑即曾慨叹：“中国之弊，不在于专制，而在于不知有专制；不在于不立宪，而在于不知有立宪。”其最显著的表现，即“国民之对政府”的态度——“上之人有时剥夺其权也，不惟不敢争，亦且不知争；上之人有时分予之权也，非惟不能用，亦且不知用”。由于“国民之程度至于如此，则国家虽欲废专制而行立宪，而其道且末由”。[③] 这里的“国民”，并无特定的涵义，大致已是人民的代称。国民对“权”的不争不用，大概因其本无

---

① 于右任批评当时的改革说：“求之政府，既日以牢笼操纵为得计；求之人民，又日以钻营悻进为本图。”盖“人民之所谓改革者，不过借立宪之名，使各省举议员，凡向日无钱捐官、无资格出洋、无科举进身者，借此以干预公事，为升官发财之基址而已”。于右任：《中国改革谈》（1909年10月），《于右任辛亥文集》，傅德华编，复旦大学出版社1986年版，第34页。

② 罗振玉：《日本教育大旨》，《晚清中国人日本考察记集成·教育考察记》（上），第233页。

③ 夏曾佑：《论浙江农工商矿局绅士之历史》（1905年7月），《夏曾佑集》，第359页。

所谓“权”的观念。但夏氏眼中国民的待启发，是很明显的。重要的是夏曾佑其实说出了一点，是“国家”想废专制而行立宪，却没得到“国民”足够的支持。

实际上，人民“程度不足”，是当年朝野的共识。立宪程序把教育放在首位，正是基于这样的认知。后来很多对政府立宪进展速度不满者，又对政府说人民程度不够进行攻击；实则不少攻击者自身，就是此前开民智论的鼓吹者，不过忘记了政府本是在延续他们的说法。当然，也有人为自圆其说，转称“程度不够之说，不在于人民，而在于政府”。[①] 而梁启超稍后也说：“现政府之程度，比于一般人民尤为劣下；以现在人民之智识，优足以监督之而有余。故与现政府相对，而得言人民程度已足。”[②] 但这些都是对“人民程度不足”这一成说的后增修饰，反证出此前朝野共识的存在。

梁启超在论述舆论力量时，有时也把“人民”作为“舆论”的代名词，故认为“比年以来，人民所树之义，但使壁垒稍坚”，官吏也往往“同化之而附和之”。[③] 但这正如《民立报》在大约同时所指出，表面上“吾民曰立宪，君主即许曰立宪；吾民曰速开国会，君主即许曰速开国会”，实则这里的“吾民”都是所谓

---

① 《驳于式枚第二次反对立宪折》,《申报》, 1908年7月20日，第1张第3版。

② 梁启超:《读十月初三日上谕感言》(1910年11月),《饮冰室合集 · 文集之二十五上》，第150页。

③ 同上书，第148页。

“吾国民之号称先觉者”，[①] 并非胡思敬所谓“供租税勤本业”的人民。梁启超自己私下也说，与立宪相关的官制改革，“不过一二人偶以其游历所耳食者，归而姑尝试之耳。若国民则全未有厝意于此”。[②] 这就呼应了胡思敬和夏曾佑所观察到的现象——人民未曾想要立宪，而是部分读书人在代民要求立宪。

于式枚就认为，当时倡立宪言国会者，“实为利而不为害，且在士而不在民”。他敏锐地认识到梁启超所谓“舆论”的新兴特性，指出当日的报馆、学堂，“不农不工不商，但可强名曰士；未尝任纳税当兵之责，乃欲干外交、内治之权”。[③] 于氏并注意到，这些借报纸立说者，“上则诋政府为固权，下则詈国民为失职，专以争竞相劝导”。他们“正斯宾塞尔所云政党者流，与平民固无预也”。[④] 升允也说：“议者曰伸民权。夫民权无由伸矣，所伸者，刁生劣监之权耳。”若“误信其言，而以为从民所欲，恐草野初无此知识，而深宫枉费其调停”。[⑤]

---

① 海空：《论国民宜急起参与宪法》，《民呼、民吁、民立报选辑》，第572—573页。

② 《致观云先生书》（1906年12月13日），丁文江、赵丰田编：《梁启超年谱长编》，第368页。

③ 于式枚：《奏立宪必先正名不须求之外国折》（1908年），《清末筹备立宪档案史料》，上册，第337页。

④ 于式枚：《奏立宪以保守渐进为主片》，《政治官报》，第10册，第229页。按于式枚原话稍婉转，《申报》当时即代其言明，他所说的“不士不农不工不商之流”，就是指的“报馆记者”。参见《论于式枚奏陈立宪方略》，《申报》，1908年6月24日，第1张第3版。

⑤ 《补录开缺甘督升允痛诋新政折》，《申报》，1909年7月31日，第4张第2版。

于式枚既说倡立宪者为“士”而非“民”，复言其只能“强名曰士”，似乎连立宪是一种“士变”也不完全承认。其实这些人“上诋政府”而“下詈国民”的行为，正沿袭了传统士人的超越特性。而于式枚的不以为然，也揭示出当时读书人成分的复杂化，即士的群体正在裂变，具体成员的身份也在转化。从其借用斯宾塞的话，可知于式枚上述说法或受到外国影响；而其思想资源，却也是中国既存的。盖龚自珍先已说：“自乾隆末年以来，官吏士民，狼艰狈蹶，不士不农不工不商之人，十将五六。”这本是夸张以言其所观察到的“人心惯于泰侈，风俗习于游荡”的现象。[①] 但所谓“不士不农不工不商之人”的说法在清季似较流行，多暗指新兴的学生辈。

胡思敬和于式枚对纳税的强调，意指那些立言的读书人不履行义务还要享受权利，表明他们也接受了西来的权利—义务观念，体现出与立宪相关的见解在上层已相当普及。但从一般老百姓的视角看，很多拟授予他们的权和利尚远在天边，且多非其所欲享有；而必须承担的义务却近在眼前，直接提示着“苛政”的存在。整个新政期间流行的人民“程度不足”之说，从一个侧面反证出立宪的想法并未从人民那里得到多少支持；但在读书人心目中，这些具体之“民”的实际心声已被抽象的“国民”应有的观念所替代，故其一面“下詈国民”，一面迎合国民，同时仍代

---

① 龚自珍：《西域置行省议》，《龚自珍全集》，第106页。

民立言不止。[①]

如果说胡思敬和升允是那时旗帜鲜明的守旧者，于式枚则介于新旧之间，[②]而夏曾佑更是著名的趋新者。这些立场不同之人所共同观察到的现象（即人民未必想要立宪，是部分读书人在代民要求立宪），不仅后来少见关注，在当时也显得缺少说服力，影响确实不广。这与近代的新兴论辩方式相关，但更多无疑要归因于立宪的自上而下的特色。

5. 附和声中的质疑

刘锦藻后来总结说，当年倡改革者的论述方式，是“一閧之市，有诟骂而无商量”。[③]这或许也是梁启超所说“舆论”力量的一个侧面，[④]但在刘锦藻看来，已形成其所谓“舆论专制”。他以

---

① 此承厦门大学历史学系梁心老师提示。

② 按于式枚多被后来的研究者视为守旧，其实在当年是个新旧之间的人物。他最初即是以“器识闳远，学问渊浻，于古今中外政治源流、职官沿革，能融会贯通”而被署理两广总督岑春煊奏派进京参议立宪事宜的。见岑春煊：《奏派于式枚进京参议宪法预备改定官制事宜折》（1906年），《清末筹备立宪档案史料》，上册，第403页。稍后升允在列举认为“宪政之不可行”诸人时，便将文海界定为“顽固未化”，而于式枚则“界乎新旧之间”（《补录开缺甘督升允痛诋新政折（续）》，《申报》，1909年8月1日，第4张第2版）。这一区分，应能代表当时一般的看法。

③ 刘锦藻：《清朝续文献通考》，第11471页。

④ 梁启超：《读十月初三日上谕感言》（1910年11月），《饮冰室合集·文集之二十五上》，第145页。

为，凡“多数赞成之事，必有少数反对者，立同异于其间”。本当“平其气以察之，徐求真理之所在”，但近代中国“舆论方张，其势至悍。彼所主张，未必悉中事理。然苟持异论以相驳难，则必竭力抵排，丑诋痛呵，甚嚣尘上。甚且出其横暴蛮悍之手段，以劫夺异论者言动之自由”，结果是“以多数制少数，流为舆论之专制”。[①]

本来“立宪时代，人人皆得发表其意见”，但这些“主持舆论者”对国民之不足，则又“慑于势之汹汹，不敢直言以撄众怒”；或“劫于众议之披猖，虽明知其非，亦枉己以苟求容悦”；甚至“迎合国民虚骄之心，为之嘘其焰而扬其波；且利用民气之嚣张，鼓扇之以自张其势”。其结果，“向之慑于少数专制而不敢持正者，今慑于多数专制而不敢持正”。当年的“主持舆论者”既能引导多数人，煽起“众议”，以形成“专制”；而在“专制”形成后，其自身也不得不迎合这引导而出的“众议”，这非常值得进一步的考察。但刘氏并不否认多数、众议的存在，却是一个关键。

在近代趋新大潮形成后，胡思敬观察到：“人人欲避顽固之名，故端午桥、赵次珊庚子以前守旧，庚子以后维新；人人欲固卿相之宠，故荣仲华、瞿子玖公庭言维新，私室言守旧”。而此所谓“新”，即“京沪日报而已”。[②] 具体到立宪，部分也是因为

① 本段与下段，刘锦藻：《清朝续文献通考》，第11503—11504页。

② 胡思敬：《致同邑诸公论学堂书》（1906年），《退庐全集·退庐笺牍》，第450—451页。

"端方以维新自豪，欲藉是以要时誉"，才使之"渐达天听"。[①] 当时言立宪可邀时誉，最能反映时代思绪的倾向。更重要的是，由于立宪的自上而下特色，关于宪政，已形成某种程度的言论禁抑，特别是官员的自我禁抑，即大家不怎么说反对的话（不敢说或不愿说），实际往往是说了也白说。

梁启超当时就注意到，自朝廷下诏，"无一官吏不言筹备宪政"，甚至"资政院提出请愿国会案，无一人敢反对；督抚公电，无一省持异议。而代表团历访枢府当道，莫不温言唯唯"。[②] 刘锦藻后来总结说，自辛丑回銮之后，"孝钦显皇后迫于众议，谓非立宪无以救国"。到派遣五大臣出洋考察宪政后，"朝野附和，竞趋风气"。当时，"张之洞圣眷最隆，时望最著"，其心中也"不以宪政为然也，乃亦噤若寒蝉。遑论其他哉"。[③]

"噤若寒蝉"或许稍过，但有所自我禁抑是明显的。内阁学士文海一开始即指出，立宪有六大错，其实"人所共知"，参与定策的"会议诸臣亦所共知"，不过因"势成指鹿为马而不敢言"。[④] 内阁中书王宝田等稍后也说，立宪、改官制的弊害"固夫

---

① 胡思敬：《奏立宪之弊折》（1910年10月27日），《清末筹备立宪档案史料》，上册，第346页。

② 梁启超：《读十月初三日上谕感言》（1910年11月），《饮冰室合集·文集之二十五上》，第145页。

③ 刘锦藻：《清朝续文献通考》，第11433页。

④ 内阁学士文海：《奏立宪有六大错请查核五大臣所考政治并即裁撤厘定官制馆折》（1906年），《清末筹备立宪档案史料》，上册，第140页。

人之所知也；特知之而不肯言，言之而又不实不尽也”。[1] 连革命党人戴季陶也注意到：“今日之政府中人，自摄政王以至于各亲贵大臣，无论其人格如何、性质如何、意见如何，未有敢发一言以反对宪政者。”[2]

值得注意的是，那些质疑立宪或宪政的官员，多是官位不甚高者，或官品虽高而疏离于权力中心者，还有一些则是以谏诤为责任的言官，他们的立论基础又不尽同。左都御史陆宝忠当时就对这种“大臣不言，而小臣言之”的现象感到“汗颜无地”。[3] 当然，也有少数据有实权的疆臣对宪政举措公开表示不同意见，陕甘总督升允直接反对，两江总督张人骏则婉转抵制。不过，由于立宪乃上之所好，两人“皆负大不韪之恶名”，支持立宪者“群起而相诟厉”。[4] 而朝廷对于反对者，也常区分其平时立场及其实际权位而处置之。如对被视为本处新旧之间的于式枚和无实权的文海，即置之不理；而身为总督的升允，便只能撤职。[5]

---

① 内阁中书王宝田等：《条陈立宪更改官制之弊呈》（1906年），《清末筹备立宪档案史料》，上册，第161页。

② 戴季陶：《最近政界之悲观》（1910年12月15日），《戴季陶集》，唐文权、桑兵编，华中师范大学出版社1990年版，第185页。

③ 陆宝忠致瞿鸿禨（1906年9月15日），《瞿鸿禨朋僚书牍选（上）》，《近代史资料》总108号（2004年4月），第21页。

④ 胡思敬：《奏立宪之弊折》（1910年10月27日），《清末筹备立宪档案史料》，上册，第346页。

⑤ 参见侯宜杰：《二十世纪初中国政治改革风潮——清末立宪运动史》，第221—223页。

所有这些质疑宪政者，在当时最引起注意的就是受命出洋考察的大臣于式枚。就那时的政治氛围而言，于式枚还真是敢言。如前所述，考察宪政基本是为预备立宪的既定政策寻觅依据以增强正当性。考察者若"知趣"，便当循此思路进言。《大公报》便明言：若朝廷无意于宪政，"则何所用其预备？又何需乎考察？"故"身任考察者，必先问宪政之如何实行，而不应先问宪政之如何不行"。而于式枚则反是，其"第一次之奏报，是直以宪政为不可行；第二次之奏报，则以宪政为不可遽行"。尽管已从"反对立宪"转向"勉强赞成"，其保留态度是明显的。[①]

与戊戌维新时不同，此时并未见多少从所谓"传统""祖制"方面反对宪政的言说；相反，不少人似看到甚或力图论证宪政与传统的关联。一些人更试图表明中国本已立宪，或本有宪法，于式枚便曾因奏折中有"宪法自在中国，不须求之外洋"[②]而颇受诟病。其实这并非他的发明，赵炳麟在1902年就说："古者自王朝以至乡遂，君臣士庶皆有互相保护、互相限制之公约，如今日泰西之宪法是也。"[③]刘师培1903年之《中国民约精义》也称述先秦

---

① 《闲评·于式枚》，《大公报》，1908年7月20日，第3版。

② 于式枚：《奏立宪必先正名不须求之外国折》（1908年），《清末筹备立宪档案史料》，上册，第336页。

③ 赵炳麟：《防乱论》，《赵柏岩集·柏岩文存》，下册，广西人民出版社2001年版，第26页。

已有宪法，邓实本其说，断言："中国之立宪久矣。"[①]夏曾佑也认为："中国地方政治，向以官绅二部组织而成。"设官虽类"专制"，而"绅则地方所推举，官不得而强之。是无立宪之名，而犹略存立宪之意"。[②]可知这是那时颇为一些人分享的观念。[③]

对于式枚更直接的促动，大概是在他被派为出使德国考察宪政大臣后不久，王闿运曾给他一信，说道："宪法备于本朝，何容求之海外？清议近在辇毂，但恐不合圣心。"王氏知道于式枚对立宪"心知其不可"，指出这正是其"职之所可言"。盖既受命必蒙召见，最好在召对时"一言悟主，回天不难"，以"破积疑"，而"求内治"。[④]召对如何，不得而知。但后来于式枚确在奏折中表明"中国旧章，本来立宪"。并引《周官》中经传之言，说："仲尼损益四代之制，以垂万世之宪。宪法为中国之名古矣。殷人作誓，汉代约法，尤与欧美所云立宪者相似。"他更指出，从唐宋迄明，凡"能贻数百年之基业，成数十年之太平者，无不

---

① 邓实：《鸡鸣风雨楼政治书五》（1905年），《光绪乙巳政艺丛书·政学文编卷三》，第2A—3A页（卷页）。

② 夏曾佑：《论浙江农工商矿局绅士之历史》（1905年7月），《夏曾佑集》，第360页。

③ 按汤寿潜在1901年已撰《宪法古义》，专论中国先秦已有宪法。惟其书似未即刻印，现存版本皆1905年印，流传也不广。参见汤寿潜：《〈宪法古义〉叙》（光绪二十七年八月），《萧山文史资料选辑》，第4辑（汤寿潜史料专辑），政协浙江省萧山市委员会文史工作委员会1993年版，第465—466页。

④ 王闿运：《致于式枚》（1907年11月15日），《湘绮楼诗文集》，马积高主编，岳麓书社1996年版，第1110页。

以顺民情申清议为致治之本原”。[1]话虽婉转，仍希望“圣心”能注意不那么动听的“清议”。

但于式枚也确有所见与众不同处，如当时朝野多主通上下或合上下，而于则主张确定上下的名分。赵炳麟很早就说，先秦本“上下一心，远近同俗”；后来“古法荡然”，导致“上下不通，君与臣隔，官与民隔，大与小隔，京与外隔”。于是，“在上者出压力，在下者出拒力；上下相攻，国终于仆”。而泰西以法立国，不论何种宪法，“皆君民互相保护、互相限制之公义”。中国“欲固国本，必达下情。欲达下情，必行宪法”。应“稽之于古，准之于今，与斯民订保护限制之公约，将见明谕朝下，民心夕协”。[2]后来福建布政使尚其亨进而申论西洋宪法的“限制之义”，即虽“国之君且不能侵国民之自由”。但“所谓限制者，非国君自弃其权；自由者，非国民任逾其检闲；实有法律以范围之”。彼此皆以法律为准绳，“各保主权，各享利益；上不凌下，下不犯上。始也上下一心，共守此法以成政；继也上下一德，共保其国于治安”。[3]

这也是上谕的精神。1906年厘定官制的上谕即接受载泽等陈奏的“国势不振，实由于上下相睽，内外隔阂，官不知所以保

---

① 于式枚：《奏立宪不可躁进不必预定年限折》（1907年），《清末筹备立宪档案史料》，上册，第305页。

② 赵炳麟：《防乱论》，《赵柏岩集·柏岩文存》，下册，第26—27页。

③ 福建布政使尚其亨：《奏宪法立则公法行、公法行则外侮靖折》（1907年），《清末筹备立宪档案史料》，上册，第260页。

民，民不知所以卫国”的说法。而各国由于实行宪法，反能“君民一体，呼吸相通”。[①] 而次年的上谕进而明言：“立宪之道，全在上下同心，内外一气，去私秉公，共图治理。”[②] 署黑龙江巡抚程德全便追随说，立宪不仅是“编纂官制，修改法典”即可了事，“必上下先有同心，而后咸视国家如己事；必内外联合一气，而后推行法令如风霆。圣训渊深，实已隐括纲要”。[③] 最后一语是关键，即求上下相合，本是圣意。

而于式枚则偏引德国宰相的说法，谓“法定于君，非民可解”，故“明宪法之名”是“使知上下之分”。[④] 按这里的“分”是名分之“分”，即其下文所谓“正名定分”之意，但仍与当时朝野希望弥合“上下相睽，内外隔阂”的立意大不同。从前引君臣的表述看，都婉转承认此前的上下关系偏于单向度的“上凌下”，而希望确立一种双向度的上下关系，以实现互保的效果。而于式枚试图以“正名定分”来达到“上下同心”，仍是一种单向度的取向。或可以说，上下互通是自上而下式改革的基础。后来立宪进入进退两难局面时，不少督抚成为速开国会的呼吁者，

① 《宣示预备立宪先行厘定官制谕》（1906年），《清末筹备立宪档案史料》，上册，第43页。

② 《立宪应如何豫备施行准各条举以闻谕》（1907年），《清末筹备立宪档案史料》，上册，第44页。

③ 暂署黑龙江巡抚程德全：《奏陈预备立宪之方及施行宪政之序办法八条折》（1907年），《清末筹备立宪档案史料》，上册，第254页。

④ 于式枚：《奏立宪必先正名不须求之外国折》（1908年），《清末筹备立宪档案史料》，上册，第337—338页。

他们正是希望由国会确定上下的名分，从而确立一种可分疏上下的依据。

于式枚另一引起当时舆论反弹的见解，是他曾引斯宾塞的话，主张立宪“以保守渐进主义为宗旨”。盖“一国之宪法及附属法律，必须与本国之历史及国体有同一之性质”（应也出自梁启超的译述）。否则，不仅难于实行，流弊尤不可胜防。[①] 但《申报》撰文驳斥说，若宪法须与本国历史及国体相符，则“我中国永无有立宪实行之日”。该文以为，“各国之历史政体，各有不同。不能据其表面之语，而奉为证据”。当时“强邻日逼、内乱日炽”的大环境已造成中国“不能久待立宪实行之势”，若裹足不前，“将亡国以待立宪乎？抑将立宪以救亡国也？”[②] 如前所述，中外竞争是促成立宪的根本主因。但此文将立宪与亡国界定为一种非此即彼的关系，其言外之意，似乎中国不实行全盘西化的改革，便只能亡国；也因此，宪政的大原则和具体举措，都成为不必讨论的问题。

这正是于式枚所担忧的：“今之言事者，醉心西法，但知立

---

① 于式枚：《奏立宪以保守渐进为主片》，《政治官报》，第10册，第229页。按斯宾塞演绎的社会达尔文主义曾风行日本，其一个核心就是改革应取渐进。在回答日本关于宪法问题时，他也确曾称赞和支持日本的等级制度。参见〔美〕本尼迪克特：《菊花与刀》，黄学益译，中国社会科学出版社2008年版，第64页。

② 《驳于式枚第二次反对立宪折》，《申报》，1908年7月20日，第1张第3版。

宪为美名为善举，以为惠而不费，又不劳而永逸。”[①]刘锦藻后来总结说，外国改革实谨慎，无不“讲求利害，穷极得失”，然后逐渐施行。而“吾国士夫则不然，于地理风俗历史人情，未尝研究其宜否，但知欧美之所尚，即臭腐亦神奇；苟为中夏之所习，虽圣经可毁弃”。[②]

并非偏守旧者这样看，态度更激进者也认为，那时“朝野上下，震慑于东西文物之美备”，虽对宪法“茫乎莫测其端倪，惟闻宪法之足以利国，而不知其所以利国之道。栖栖皇皇，奔走号呼”——“秀桀之伦”，“竞以纵谈宪政为高”；“盲识之徒”，则“吠影吠形”；甚至“肉食官吏，亦且俯拾余沥”，以“助其流而扬其波”；形成了全国的“异口同声。风响所及，几合二十余行省为一致”，已“成一口头宪政之世界”。[③]

当时宪政的风靡，其实也有被迫的一面。胡思敬就观察到：“政府诸公，亦自知立宪为倒行逆施之道，然徒恃九年筹备之策，迂缓其途，冀及身不当其厄。”他虽对此不满，但为朝廷所献三策之下策，仍是“分别缓急，改正九年筹备单，藉纾民力；缩短立宪期限约二三年，以塞资政院之口”。[④]盖立宪既成大势所趋，

① 于式枚：《奏立宪以保守渐进为主片》，《政治官报》，第10册，第229页。
② 刘锦藻：《清朝续文献通考》，第11471页。
③ 苏楼：《〈宪法大纲〉刍议》（1910年），《辛亥革命前十年间时论选集》，第3卷，第678页。
④ 胡思敬：《奏立宪之弊折》（1910年10月27日），《清末筹备立宪档案史料》，上册，第346—347页。

即使不赞同者也不能不有以因应。

但如前所述，各地财力是个常数，九年筹备立宪清单所规定的任务，督抚实不可能完成，于是竟以开国会的主张相抵制；而中央的枢臣，也不能正面反对属于立宪范围之中的开国会。在刘廷琛看来，那时枢臣和督抚都已被新政逼迫得不忠不恕了，结果是大家“争意见而不顾事理”。若大家“赤心为国，自当开诚布公。如预备清单不可尽行，督抚争论于朝廷可也；国会不能遽开，枢臣开示于督抚可也。乃督抚不能争清单，而徇时吁请，以为脱卸之方；枢臣不敢阻国会，而迫促筹备，以为困难之计”。问题是这都并非出自“诸臣本心”，而是“故设机锋，隐相抵制”而已。[①]

所谓督抚不能争清单，枢臣不敢阻国会，最能体现立宪那自上而下的威慑力量。而宪政的风靡，则又意味着政府尚有可以作为的余地。这一点是非常重要的，盖尽管朝廷希望立宪可以保皇室，而朝野中不少人也希望立宪可以阻革命，立宪的实质意义，正在于它是推行新政的制度基础。

6.“别开四千年来一世界”

夏曾佑很早就意识到立宪这一改革的根本性和整体性，所以他

① 大学堂监督刘廷琛：《奏为政象纷乱恳请明谕内外臣工消除意见以支危局折》（1911年2月），《清朝续文献通考》，第11511页。

在1905年就提出，仿效外国立宪“当师其意，而不必袭其名”。因此，他希望朝廷在“改政体时，不当尽求之于法学家，而必求之于哲学家”。[①]这一看法不仅在当时没引起什么反响，后来也少见跟进，却提示着后之研究者，当从基本的思想层面去思考制度的变革。

如前所述，以立宪“永保皇位”，是一个改变“政体”以保存“国体”的取向；无论出于何种意图，如前所述，立宪一旦实行，皇帝就成为真正的虚君了。从实际执政的角度言，这不啻一个否定皇帝自身统治正当性的决策。升允看到了其中的关键：宪政的好处在于“虽有暴主，不能虐民”；然其弊，则即使“有圣君”亦“不能泽民”。因为皇帝已“无负担、无责任，拘挛于法宫高拱之中，莫由屈伸”。[②]孙宝瑄很早就知道，既立宪，则“国中之事，举听命于相”，皇帝不过“徒有君之名耳”。[③]他后来进而指出，也只有君主不负责任，置掌权的宰相于可立可易之位，然后帝室可以“安然无恙”。[④]

以治权的根本转移换取政权的名义保存，当然是一个彻底的变革，即余肇康所谓“别开一四千年来之世界”。[⑤]反对新定官制

---

① 夏曾佑：《论日胜为宪政之兆》（1905年5月），《夏曾佑集》，第341页。

② 《补录开缺甘督升允痛诋新政折（续）》，《申报》，1909年8月1日，第4张第2版。

③ 孙宝瑄：《忘山庐日记》，1901年6月27日，上册，第359页。

④ 孙宝瑄：《忘山庐日记》，1908年8月20日，下册，第1230页。

⑤ 余肇康致瞿鸿禨（1906年9月22日），《瞿鸿禨朋僚书牍选（上）》，《近代史资料》总108号（2004年4月），第21页。

的陆宝忠指斥“三五嗜进喜事少年”不学无术，“任意去留，几欲举祖宗成法扫除而更张之”。[1] 这绝非无的放矢，戴鸿慈和端方关于改官制的奏折说得很明白，他们“详细参稽，悉心斟酌，实欲舍中国数千年之所短，就东西十数国之所长”。[2] 短长的标准是不定的，但“中国数千年”和“东西十数国”的对应性时空弃取，充分表明了改革的彻底性。

虚君之后，再加上这样从文化到政治的全面弃取，朝廷实所剩无几，既没了退路，也很难再进一步了。若按立宪进程实行选举，仅数百万之满人，等于将各级权力奉还汉人。[3] 这是那些“体制内”改革者心知肚明而不宜点醒者，革命党人又岂不知之乎！陈寅恪比很多人更清楚地看到了问题的关键所在——“君宪徒闻俟九年，庙谟已是争孤注。”[4] 如其所揭示的，很多时人关心和争论的是立宪的缓急，对皇室而言，这已是名副其实的孤注一掷了。

以今日的后见之明看，朝廷对于立宪，实已相当主动。尽管

---

① 陆宝忠致瞿鸿禨（1906年9月15日），《瞿鸿禨朋僚书牍选（上）》，《近代史资料》总108号（2004年4月），第20页。

② 戴鸿慈、端方：《奏请改定全国官制以为立宪预备折》（1906年），《清末筹备立宪档案史料》，上册，第383页。

③ 例如，根据《各省谘议局章程》，各省谘议局虽单列旗籍议员专额，然除京旗为十名外，各省仅设一至三名，比例实低。宪政编查馆等：《奏拟订各省谘议局并议员选举章程折（附清单）》（1908年），《清末筹备立宪档案史料》，下册，第670—671页。以当时的定义，谘议局并非省议会，但朝野均有人视之为向省议会过渡的机构，故仍有明显的提示性。

④ 陈寅恪：《王观堂先生挽词》，《陈寅恪集·诗集》，生活·读书·新知三联书店2001年版，第15页。

很多充满焦虑的时人的确感觉立宪推行太慢，然而从改革的彻底性及变动的广度言，恐怕朝廷是操之过急而非过缓。进而言之，清季立宪的自上而下特色，以及立宪未必出自一般人民要求，共同表明了一个重要的事实，即中国的立宪主要并非某些社会群体在政治权力的分配上感觉受到了压制，而更多是基于想要实现富强的国家目标，以解决中国在世界上的地位问题。

《东方杂志》的署名文章已说：从预备立宪的上谕看，“朝廷所以主张立宪者，意在救亡。实灼然于制治之旧，不足以肆应于世界大势之新”。[①] 武昌事发后，资政院总裁世续等的奏折指出，革命党人鼓煽之说，“皆由怵于危亡而起”。盖“生今之世，万国竞争，非立宪无以立国”。彼“窥我政府之意则决不肯立宪，不立宪则亡。与其坐而待亡，孰若起而革之”，以“铁血立宪”代“和平立宪”。[②] 而端方等在奏请立宪时已说，此后“中国转危而为安，转弱而为强，亦能奋然崛起，为世界第一等国。则举国臣民其沐我皇太后、皇上之福者，将亘亿万年而无穷”。[③]

这就说明，那时朝野都开始意识到有一个相对超越于易姓或君民利益之上的新事物，即身处万国竞争之中的“国家”。而中外竞争的胜负，可能是君民双方共同的——胜即双赢，负则两

① 蘊照：《人民程度之解释》，《宪政初纲》，第5页（门类页）。
② 资政院总裁世续等：《请明诏将宪法交院协赞折》（1911年），《清末筹备立宪档案史料》，上册，第94页。
③ 端方等：《请定国是以安大计折》，《端忠敏公奏稿》，第717页。

输。正因此，一姓一时之立宪，才具有“亘亿万年而无穷”的意义。换言之，与西方许多国家的立宪要求不同，清末的立宪要求似乎不是因为中国的内政出了问题，而是既存的政治制度被视为无法解决对外竞争的问题。后来一些力图摹仿外国的人因看不到类似西方为要求民主而奋斗的第三等级一类群体的出现而失望，却并未注意到此虽牵涉内部的权力分配，却本非因此而产生的问题。

从根本言，晚清的政治改革，特别是拟将推行的宪政，本是一种全新的外来政治形式，既涉及国家性质和权力的再分配，在很大程度上也意味着政治秩序甚至文化秩序的重新整合。实际上，以宪法为基础的统治或治理的观念，那时在西方也刚确立不久，且仍在确立中（以共和作为一个“正确”的政体，在西方尤其仍在提倡之中；全世界的共和国并不多，被视为成功的更少）。[①]

也就是说，实行宪政，本有太多基本的问题需要学理层面的探讨。可是清末朝野虽也经常提及国家性质和权力再分配等问题，却仅点到为止，较少见从学理思考和讨论这些重要面相。尽管西方立宪初起时对君主与国家主权的区分，在中国也稍微涉及；但西人在提倡宪政时对人民主权（即国家权力在民，且以自

① 梁启超在进入民国后注意到：“其实今世所谓共和立宪制度之为物，即泰西亦不过起于近百年。”梁启超：《孔子教义实际裨益于今日国民者何在欲昌明之其道何由》（1915年2月），《饮冰室合集·文集之三十三》，第64页。

下而上的方式确立）的强调，似乎不是中国鼓吹立宪者的重要议题。制度的学理基础，以及制度与人民的关系，或人民在制度中的地位，都不是时人关注的重点。甚至立宪的基本含义，即以宪法为基础的治理，也并未特别受到重视。宪法本身，从当时到现在，都不是各类“立宪”讨论中一个关键议题。[①]

那时不少人往往从符号（或时人常说的“名词”）而非制度层面去思考体制问题，视宪法或立宪为一种象征，仿佛其有某种神奇的力量，一旦做了，问题也就解决了。在某种程度上，宪法的确也只是一种称谓或说法。若论一国的根本体制，即所谓“广义宪法”，则时人也知道，“无论何国，统治以来，莫不有之”。中国本有其体制，更有成文或不成文的传统，而且是有约束力的传统，即晚清君臣常说的“祖制”（此所谓“制”，不必论其是否成文，盖昔人本特别重视先例也）。但晚清人心中口中的“宪法”，更多是特指“扩张民权，组成代议制度，使参预立国法之根本”的所谓“狭义宪法”。[②]

---

① 《民立报》在1910年就注意到，尽管立宪的论述已风行数年，却很少有人“博采兼收，比类旁通，研究讨论宪法国会之为何物”（海空：《论国民宜急起参与宪法》，《民呼、民吁、民立报选辑》，第572—573页）。类似倾向似也有力地影响了后之研究者，今日不少熟悉西方政治学理的研究者，也和时人一样并不关心这样的基本议题。另一方面，当年革命党人颇言卢梭式主权在民说，鼓吹立宪者较少议论这类问题，固可能是不关注，也可能是有意回避。此承清华大学历史学系李欣然老师提示。

② 关于宪法的广义狭义，参见苏楼：《〈宪法大纲〉刍议》，《辛亥革命前十年间时论选集》，第3卷，第678—679页。

近代中国的特别之处，正在于为了摹仿这外在的狭义宪法，不惜废弃既存的广义宪法（例如科举制的废除）。盖因立宪本落实在“富强”的国家目标之上，大部分人似已预先确认了外国宪政的正确性和正当性，而不甚注意和关心宪政在西方也仍是发展中的议题。他们所争论的，更多是仿效何国、何种宪政，以及拟议的各项具体举措是否学到了其所欲仿效的宪政。

尽管上述各种人都重复着外国立宪必经流血、革命的说法，其实也不是没人指出，英国和日本的变法立宪就是基本和平进行的，并取得了成功。尤其日本立宪，本也大体循自上而下的途径。故进一步的问题是，中国这样自上而下的立宪，能够成功吗？于式枚关于中国立宪前途有日本维新和法国革命两种可能性的见解，其实提出了一个很实际的问题，即日本道路是否可学。

在这方面，我们再次看到最激进与最保守者的共同。主张革命者本以为“必先造新政府，然后可以行新制度；断未有求旧政府而可以立新制度者”。同时也说明，由于中英差别太大，故英国不能学；而“今日之中国”也与“宪法未成以前之日本”大不同——先辈中既“未见有西乡隆盛”，而当时的志士亦不能为伊藤博文。[①] 更有人指出，即使英国立宪，“亦非以和平而得”，其

---

① 铎人：《对于宪政之民心与立宪之不可得和平》，《辛亥革命前十年间时论选集》，第3卷，第814—815页。

宪法“实以革命底于成”，故没有“革命之能力者，必不能成立宪之大观”。[①] 而胡思敬则直接上奏，反对“剿袭日本成法”。[②]

惟这类看法并不占主流。整体上，中国的立宪，恰以摹仿日本为主。少数敢于公开不赞同立宪之人，常以起草章程条文的留学生、特别是留日学生为攻击目标。胡思敬甚至上奏说，在宪政编查馆、外务部、资政院中已形成了“日党”（他点名列举的第一人，即后来“五四”运动时被认定为“卖国贼”的曹汝霖）。[③] 如前所述，在日俄两典范的竞争中，日本是以制度胜出。然而从前引夏曾佑的见解看，即使确定摹仿日本制度，也只当师其意，而不必袭其条文。盖两国的幅员和人口相去太远，[④] 实为一致命的软肋；若剿袭其具体的条文，很可能小而无当。不幸当年起草章程条文的“三五少年”，恰忽略了这一根本差异，后来也因此而被诟病。[⑤]

---

① 《对于政府之民心》（1911年），《辛亥革命前十年间时论选集》，第3卷，第828—829页。

② 胡思敬：《奏官制未可偏信一二留学生剿袭日本成法轻议更张折》（1911年），《清末筹备立宪档案史料》，上册，第547—549页。

③ 参见胡思敬：《劾日党朋比卖国折》（宣统三年二月），《退庐全集·退庐疏稿》，第1047—1052页。

④ 刘廷琛已指出：“中国幅员广远，本与日本情势不同。”参见其《奏为政象纷乱恳请明谕内外臣工消除意见以支危局折》（1911年2月），《清朝续文献通考》，第11511页。

⑤ 如后来《宪法大纲》颁布，就被人指责剿袭日本学者谬说，且大部分条款皆直接抄自日本宪法，致使文字不通。参见苏楼：《〈宪法大纲〉刍议》，《辛亥革命前十年间时论选集》，第3卷，第678—689页。

可以说，不论是整体的新政改革还是立宪，以及更具体的改官制，都有一个诡论意味十足的共同特点，即整个改革是以摹仿为主的，但所摹仿对象的幅员、人口（数量和构成）都与中国有较大差距。而对于广土众民的治理，本是中国的强项，其他地方很难提供经验。与中国幅员相近的惟俄、美两国，然而俄国在日俄战争后已暂时退出了被摹仿的行列，美国在晚清虽是备受推崇和倾慕的对象，其体制却很少被当时的制度设计者纳入考虑。胡思敬所谓的“日党”或有些言过其实，但昔年各项章程制度条文的排他性是非常显著的。

立宪本是新政的核心成分，也是新政在制度层面的主要体现。文字的临摹或是次要的，但对一种自上而下的改革来说，制度性的条文有着强大的约束力。不少宪政条文摹仿意味太重，的确不适合中国的国情。从操作层面言，至少也大大增强了宪政的难度，使其飘浮、徘徊于纸面，多少也就架空了立宪。

实际上，对于朝廷是否能真能实行立宪，当年海内外有不同立场、持不同取向之人，对其都不够信任，惟程度不同，反应也不同。革命党人的态度特别意味深长，他们一面公开否认朝廷能够立宪，其实内心对政府有信任，故也常发出“不许”政府立宪的主张，甚至有人承认若立宪成功，革命就没希望了。[①]这样，改革的进程本身，就成了对其正当性的论证方式和检验手段。若朝

① 这个问题当另文讨论。

廷证明自己真能立宪，则可进入操作层面继续推进自上而下的改革；若朝廷被“证明”不能立宪，则不论开国会还是革命，都是另一种自下而上的途径了。当时多数人都同意应率先进行的官制改革，就成了一个考验，实际也带来了转折。

五、官制改革的困窘

1906年的官制改革，可以说是立宪的第一个实质性举措，再次鲜明体现了立宪的自上而下的特色。从当年七月（旧历）派载泽等编纂官制，到九月宣布厘定（中央）官制，这样重大的体制改革，仅仅用了两个月的时间就完成了。由其具体操作进程、特别是总司核定大臣的奏折与上谕间不小的差异看，实不能说事先就有成竹在胸的改革方案。既然并非谋定而动，还能这样雷厉风行，尤可见朝廷的迫切。翰林院撰文李传元当时就说："以三四人之精力，数十日之期限，遽欲将中西官制异同得失、钩棘难理之事，一一研核详审"，即使有"兼人之长"，也难以做好。①

这类优劣成败的即时观感，有时仅表达一种情绪和态度，不一定反映实际。时人（以及不少后人）对当时不少制度性概念，都未必从字面义立意和理解，而是有某种预设的选择性认知（如所谓"立宪"并非泛指以宪法治国，而是特指以某种类型的宪法治国）。在很多人心目中，改官制就意味着设责任内阁和总理大臣；取消满汉官员对等，则意味着增多汉人任官；等等。这些并非言明却也似乎可以不言自明的预设倾向，在很大程度上决定了改革的反响，因而也就影响了改革的进程（迄今仍影响着很多研究者的判断）。故官制改革确是对朝廷的考验，终成为立宪的一

① 李传元：《奏厘定官制不能过促折》（1906年10月），《清末筹备立宪档案史料》，上册，第457—458页。

个转折点。

涉及治理的中央官制改革，自庚子后即已开始。那时慈禧太后号称体弱（这是犯错误后最能下台阶的理由），而有适当放权的念头，却恰值中央缺乏忠诚而能做主、可靠而有担当的大臣。[①]甲午后李鸿章面临朝野诟詈，即使有恃也不能无恐。戊戌后掌权的荣禄，已更多靠忠诚而非实际的勋劳，虽在士林中人望不甚足，然毕竟曾任方面大员，尚能做主。再以后则入军机者多为以“随銮西狩”而体现忠诚之人，据说真能秉笔拟旨的只有瞿鸿禨，而瞿也几乎未曾担任外官，是在中央机关成长起来的。[②]

在这样的情势下，朝廷用人似只能朝两个方向发展，一是进一步任用亲贵，一是让中枢大臣集体负责。亲贵之中，慈禧太后主要依赖的是庆亲王奕劻，实际培养的却是醇亲王载沣。[③]且那时清廷还有一特殊的困难，就是不得不与庚子时立异的“东南互

---

① 改革已刻不容缓，最初的推动却来自疆臣（刘坤一、张之洞的“江楚三疏”），即是一个明显的征兆。

② 胡思敬后来致函瞿鸿禨说：“孝钦辛丑回銮后，惩庚子之祸，颇欲推权政府，不负责任。荣相当国时，在私宅拟旨。荣相没，庆、铁、鹿皆不能秉笔，闻要旨多系中堂所拟。荣［庆］华卿间欲一试，中堂辄涂改之。此语由章京传出，谅非诳言。”胡思敬：《与善化相国询先朝掌故书》，《退庐全集·退庐笺牍》，第498页。

③ 据盛宣怀在京坐探陶湘的报告，朝议官制时，慈禧太后问及醇王，醇王以“年幼无知，不敢妄陈”对。太后乃长叹曰：“如何汝亦可如此？”非常能体现太后对其不一样的寄望。参见《齐东野语》（陶湘致盛宣怀，1906年11月22日），《辛亥革命前后——盛宣怀档案资料选辑之一》，陈旭麓等主编，上海人民出版社1979年版，第29页。

保”诸疆臣合作。观回銮前后军机处的用人，除“随銮西狩”者外，似在尽可能容纳非“东南互保”之人。但1901年李鸿章弃世后竟然不得不用袁世凯（袁是“东南互保”疆臣中最北端者），已说明朝廷并无多少选择余地。盛宣怀说朝廷“‘知人则哲’，朝政大有转机”，半是实述，盖婉讽慈禧太后此前不能知人用人亦不能安民也。[①]

但这样的用人安排却伏下了高层权力之争的隐患。丙午改官制后即有所谓“丁未政潮”；慈禧太后弃世后，醇亲王成了摄政王，言官在其支持下一度活跃，其实也与醇亲王、袁世凯和庆亲王之间的角力相关。[②]人才问题是戊戌维新时即受到关注的一个核心问题，此时已更严重；而高层领导能力的问题，则贯穿了清季最后数年的朝局，成为一个影响时局的重大因素。

就集体负责而言，从后来政务处、宪政编查馆等机构的设置看，慈禧太后似乎是想调整过去以军机处掌具体治权的统治方式，或至少增强其领导的集体性。[③] 改官制时，最令很多人不满

---

① 盛宣怀：《寄袁慰帅》（1901年11月8日），《愚斋存稿》，（台北）文海出版社1975年版（沈云龙编《近代中国史料丛刊》续编第13辑），第1261页。按“知人则哲，能官人；安民则惠，黎民怀之”，出自《书·皋陶谟》。

② 这个问题当另文探讨。

③ 当时报纸颇多关于两宫希望王大臣强化军机处和政务处“会议”制度和机能的报道，甚至订出了相关的章程（参见《政务处奏覆会议政事》，《申报》，1905年2月12日，第3版；政务处：《覆奏请定会议章程折》，《申报》，1905年2月15日，第4版。类似报道尚多）。彼时所谓会议，基本是会而议之的意思，正体现出集体负责的意味。

的，就是不裁军机处，也不设新式的责任内阁和总理大臣；但仍扩大了参预政务者的范围，即“各部尚书，均着充参预政务大臣，轮班值日”，实即集体议政，增强了领导的集体性。①

然而，在机构早已重叠的情形下，集体领导是否能奏效尚成疑问，恐怕又增添出新的问题。盖当时枢臣多身兼数职，虽使机构间的制衡失效，却也减少了相互推诿的可能。若更多人集体议政，则又使推诿成为可能。重要的是，在正式的官制改革开始推行之前，一些关键性的机构改革已经启动，并造成了一个前所未见的难题，即“新政”和“常政”的紧张、抵触和缠绕。

清承明制，初以内阁统辖政务。雍正时因用兵西北而设军机处，渐握实权；内阁仍存，渐仅担任一些特定的文字工作。1901年4月，设督办政务处，为负责推行新政的总机关；其成员虽以军机大臣为主，所督办的“政务”，实即推行改革的新政，而并非常规的政务。②这样，在朝中逐渐形成了常政和新政两个系统。政务处甫设，就因处理改革而收掌各官员的章奏，甚至“区分门类，各认各股”办理，已经涉及全面的政务。而朝廷也一则曰政务处“事体重要，天下观风”；再则曰“政务二字，包举万端”；

---

① 《裁定奕劻等核拟中央各衙门官制谕》(1906年11月)，《清末筹备立宪档案史料》，上册，第471页。

② 参见《清实录·德宗景皇帝实录》(七)，总第58册，中华书局1987年版，第345—346页。

甚至明言“此处乃天下政治之管辖”，显然很难与向来“为政事统汇”的军机处区分。①

若新政与常政难分，而军机处又照样存在（且不说还有内阁），不仅伏下政出多门的隐患，②亦不排除相互冲突的可能。1905年，与派遣大臣出洋考察相配合，朝廷又“派政务处王大臣设立考察政治馆”；③到正式“筹备宪政”后，1907年8月，更名为宪政编查馆，转属军机处。④这一机构的更名，意味着新政的宪政化；而其由政务处改隶军机处，则意味着宪政的常态化，两套系统似有合一之势。不过，在清季十年间，新政占有极大的优势，改革举措往往压倒常规政务，有时甚至出现新政替代常政的现象。

本来从设置政务处开始，新机构就有偏重改革设计的倾向。到宪政编查馆的成立，其主要负责制定新规章制度的特色就更明显。这倒是符合前引袁世凯所说的中央“议事”而“立法”、外官“办事”以“行政”的区分。然而新政毕竟不是常政，后来被简称为“馆、处”的两机构，在中央几乎成为行政门类中的立法

① 《政务处开办条议》，刘锦藻：《清朝续文献通考》，第8763—8765页。

② 参见胡思敬：《退庐全集·审国病书》（1923年刻），第1318—1319页。

③ 《设立考察政治馆参酌各国政治纂订成书呈进谕》（1905年11月），《清末筹备立宪档案史料》，上册，第43页。

④ 庆亲王奕劻等：《奏请改考察政治馆为宪政编查馆折》（1907年8月）、《考察政治馆改为宪政编查馆谕》（1907年8月），《清末筹备立宪档案史料》，上册，第45—46页。

者，与常设各部已有隔阂；其与实际“办事”的外省督抚，则有更进一层的疏离。

随着新政与常政的逐渐相互覆盖，“馆、处”所涉的相关范围，渐呈无限开放的态势。同时，或因分享着朝廷的急迫，或出于职责所在，甚或也有些恃宠自大，“馆、处”在制定政策时确也有些目中无人，自以为是，颇敢“立法”，勇于出台各种必须立刻执行的章程。两机构与中央常设部门及各省督抚的关系，也因此而日趋紧张。尽管大家都知道那些颁行的政策得到了从慈禧太后到摄政王的持续支持，在皇室不能被问责的情势下，“馆、处”乃成为攻击的目标。

御史温肃就说，朝廷在未开议院之前，“暂以立法权委之宪政编查馆”。但馆中大臣，“皆兼军机要差，其于外国立法，无暇研求”，结果“一切章程，皆三数司员为之”。且“司员曰如此则是立宪国制度，如彼则非立宪国制度，诸大臣不敢驳焉，虑人讥其隔膜也”。关键在于，改官制“事关数百年兴革，而操诸一二人之手；各部大臣、各省督抚，无从预知”，则成何体统？[①]

这背后隐伏的一个重要原因，就是前述的领导和人才问题。从甲午到庚子，虽天下不断“有事”，中外竞争却均以失败告终。勋劳既难骤至，升迁遂多凭资历，致使枢臣年龄老化，在任自然

---

① 温肃：《请将新官制草案宣示臣工详细核定折》（宣统二年十一月），《温侍御毅夫年谱及檗盦奏稿》，（台北）文海出版社1972年版（沈云龙编《近代中国史料丛刊》第75辑），第63—64页。

减员的现象，并不少见（荣禄、张之洞、鹿传霖、戴鸿慈似都在军机任上去世）。上层领导的不连续，导致权力更多落实在人员变化较小的中下级操作层面，强化了“馆、处”中“三数司员”的影响力。

故围绕官制的改革有两条主线，一是贯彻始终的领导人才问题（实际牵涉到是否设责任内阁的总理大臣），其间若隐若显的要角是袁世凯，后来的数次政争，都与他直接间接相关（此处不拟详论）。一是体制的问题，即宪政、新政和常政之间的紧张，因此而充分暴露了改革的结构性困境，却又无法回头。两者相互关联，纠结缠绕。到1910年朝廷被迫开放言路，讨论筹备立宪的调整，而很多督抚进而要求区分宪政与新政（宪政有规定的筹备期限，新政反成为可以缓行的常政），是为政局转折的一个重大表征（详后）。

新官制由镇国公载泽等众多官员公同编纂，督抚仅袁世凯身与，端方、张之洞等则派司员参与。三位总核大臣是庆亲王奕劻、大学士孙家鼐和军机大臣瞿鸿禨。[①] 陶湘说孙本守旧，而庆王则向来无可无不可，故一切均瞿鸿禨专主。瞿氏在三人中虽名列最后，确实承担了更多实际工作。据说凡有新制提出，他“朝

---

① 参见《派载泽等编纂官制奕劻等总司核定谕》（1906年9月），《清末筹备立宪档案史料》，上册，第385页。关于官制改革及各部设计草案，参见《宪政初纲》之“奏议”部分。并参见侯宜杰：《二十世纪初中国政治改革风潮——清末立宪运动史》，第77—86页。

夕持《会典》详核，稍事更动”，以最后把关。[①] 但庆王背后有袁世凯，在官制的具体设计上，当时持各种立场的人大都承认袁世凯起到了重要作用。[②] 而孙家鼐也未必“守旧”，更多还是“调停两可”。[③] 与当时一般人相比，陶湘确更了解瞿鸿禨所起的实际作用。然而掌控局面的，仍是慈禧太后。

这是筹备立宪的第一次较大举动，朝中大臣的意见的确分歧。慈禧太后的态度虽时有反复，大体仍在督促大臣积极推动。[④] 光绪三十二年九月十六日（1906年11月2日），庆王等将官制草

---

① 《齐东野语》（陶湘致盛宣怀，1906年11月22日），《辛亥革命前后——盛宣怀档案资料选辑之一》，第30页。《大清新法令》中收有《厘定内阁官制考证缘由说帖》（《大清新法令1901—1911》（点校本），第1卷，商务印书馆2011年版，第685—686页）一件，多据《会典》，或即此也。

② 参见《京师近信》，《时报》，1906年9月20日，第2版；孙宝瑄：《忘山庐日记》，1906年9月3日，下册，第914页。

③ 虽有孙家鼐“多集干员在府中，将官制草案逐条签驳”之说（《补录孙中堂签驳官制草案》，《时报》，1906年11月13日，第3版），但据曾上奏反对新官制的御史胡思敬说，孙家鼐确曾示予官制草案，他即撰《丙午厘定官制刍论》一书“逐条指驳”。孙“虽明知改制之谬”，却“调停两可”，并未尽采胡之意见。参见胡思敬：《上孙相国书》（1906年10月27日），《退庐全集·丙午厘定官制刍论》（附录），第1485—1486页；《退庐全集·丙午厘定官制刍论·序》（1914年），第1376—1377页。

④ 报纸上屡有廷臣意见不合，太后要求和衷共济一类说法。参见《本馆接某亲王与直督冲突专电》，《申报》，1906年9月27日，第3版；《面谕枢臣尽心王事》，《申报》，1906年10月29日，第3版；《京师近信》，《时报》，1906年10月7日，第2版；《京师近信》，《时报》，1906年10月29日，第2版；《京师近信》，《时报》，1906年10月7日、1906年10月29日，均第2版。

案上奏朝廷，表示改官制“既为预备立宪之基，自以所定官制与宪政相近为要义”，故提出实行责任内阁制。内阁设十一部，并设总理大臣一人，左右副大臣各一人，以各部长官为内阁政务大臣。[①] 几天后关于新官制的上谕，却并未采用责任内阁制，仍然保留了军机处和旧内阁，惟各部院的设置则基本采用庆王等上述奏折的主张。[②]

这当然是因为慈禧太后本人变了主意。盖庆王父子等不论多么受人左右甚或“挟持”，要做出这么重大的改变，没有太后的事先默许（甚或明示），是不太可能的。报纸上说一度已在考虑副总理大臣的数额和人选问题，[③] 可知“上意”对此也大体赞同。实际上，这几乎就是最后一刻的突变，此前先已草拟了关于官制的谕旨，将军机处改名为“办理政务处。办事大臣，即授为办理政务大臣。至总理名目，仍候特旨简派，不为常例”。[④]

可以看出，“上意”的转变是逐步发展的。这里的重要差别是，办理政务处并不是所谓“责任内阁”。故虽对设总理的可能性有所开放，但性质是很不同的。若为责任内阁的总理大臣，就

---

① 奕劻等：《奏厘定中央各衙门官制缮单进呈折》（1906年11月），《清末筹备立宪档案史料》，上册，第462—471页。

② 参见《裁定奕劻等核拟中央各衙门官制谕》（1906年11月），《清末筹备立宪档案史料》，上册，第471—472页。

③ 参见《京师近信》，《时报》，1906年9月20日、1906年9月22日，均第2版。

④ 《光绪朝朱批奏折》，第33辑，中国第一历史档案馆编，中华书局1995年版，第54页。

是一个根本性的转换。君主不负责任，自然也就不参与治理，是为真正的虚君。这虽大体符合前引立宪以永保皇位的逻辑，确实经不起进一步的深入分析。

平心而论，关于为什么必须设以总理大臣负责的责任内阁，当时奏议所说的理由，并不充分。除了强国都如此（隐喻着事关外人观听）外，实无多少能说服人的论证。新官制的基础，是戴鸿慈和端方的奏折（按此折为梁启超代拟），提出了“以军机处归并内阁”，本带有恢复明朝内阁制的意思，[①]或也符合慈禧太后推行“集体领导”的新倾向。但原来的“集体领导”是在君主之下，现在则是在总理大臣之下了。从责任的角度言，皇帝可以不再为错误负责；但若从权力的角度看，皇帝也不复有权。这是不少言官和“小臣”所特别强调的。[②]

瞿鸿禨在呈上官制草案的同时，又呈上一份说帖，指出军机处“向称办理，乾隆初年，曾设总理大臣，寻奉裁撤。盖总理政

① 参见戴鸿慈、端方：《奏请改定全国官制以为立宪预备折》（1906年8月），《清末筹备立宪档案史料》，上册，第368—369页。

② 参见御史赵炳麟：《奏立宪有大臣陵君、郡县专横之弊并拟预备立宪六事折》（1906年10月）、赵炳麟：《奏新编官制权归内阁流弊太多折》（1906年10月）、御史刘汝骥：《奏总理大臣不可轻设以杜大权旁落折》（1906年9月）、御史张瑞荫：《奏军机处关系军权不可裁并折》（1906年10月）、内阁中书王宝田等：《条陈立宪更改官制之弊呈》（1906年10月，此即前引陆宝忠所谓“大臣不言，而小臣言之”的呈文），《清末筹备立宪档案史料》，上册，第124—125、421—422、441—442、429—430、157页。

事之名，虽亲贤有所不敢居”。若一定要改军机处名称，“不若易为政务处，其办事大臣即名政务大臣，似为名正言顺”。[①] 在其与庆王同上的奏折中也说，“如以议院甫有萌芽，骤难成立，所以监督行政者尚未完全，或改今日军机大臣为办理政务大臣，各部尚书均为参预政务大臣，大学士仍办内阁事务”，仍暗含以政务处代军机处的意思。不过，这更多是在“名称”上做文章，其实“规制”仍同。[②]

清末的一大变化，就是受到外来观念的影响，政治上的“职”向“权”转化。[③] 且后人多重视立法、司法、行政等三权分立，然而清末立宪期间还有一个频繁出现的关键词，即所谓“大权”。今人说主权，通常对外言，而时人则往往对内。故其所说的大权、统治权，均在分立的三权之上。不仅官方文献如此说，

---

① 瞿鸿禨拟：《复核官制说帖》，《瞿鸿禨奏稿选录》，《近代史资料》总83号（1993年10月），第35页。据其后人所著《行述》，此说帖是附在官制草案之后同时呈上。参见瞿宣朴、瞿宣治、瞿宣颖：《先府君行述》，附于《瞿鸿禨奏稿选录》，《近代史资料》总83号（1993年10月），第41页。

② 奕劻等：《奏厘定中央各衙门官制缮单进呈折》（1906年11月），《清末筹备立宪档案史料》，上册，第465页。

③ 御史张世培所说的“人君以用人为职，职者权所在也”一语，清晰地点明了君位（emperorship）在外来观念影响下由职向权的转移。见其《奏改革官制不可轻弃旧章折》（1906年10月），《清末筹备立宪档案史料》，上册，第437页。

民间亦然。[1] 上谕决定保留军机处和旧内阁，不设责任内阁和总理大臣，显然是受到了上述奏折的影响，更多从“权”的视角看问题。

与瞿鸿禨所说相反，朝廷保留了“名称”，但对“规制”略有更易。在宣布新官制前，调整了军机处的人员，鹿传霖、荣庆、铁良和徐世昌出军机，大学士世续入军机，广西巡抚林绍年开缺以侍郎用，在军机大臣上学习行走。[2] 这样，军机处仅四人，除“学习行走”的林绍年外，留任的庆王和瞿鸿禨加上世续，多少有点一总理、两副总理的意味。[3] 两天后，上谕宣布“政务处着改为会议政务处”。[4] 又两天后，命“军机大臣、大学士、各部尚书均兼考查政治馆差使”。[5]

这样，以前并重的“馆、处”，一度似有了轻重之分。据报载，政务处改名后，不再处理奏折，“其寻常交议折奏及日行

---

① 参见宪政编查馆：《呈拟行政事务权限办法折》（1910年4月），《中华民国史档案资料汇编》，第1辑，中国第二历史档案馆编，江苏人民出版社1979年版，第125页；《湖南人民第二次国会请愿书》（续二），《申报》，1908年8月16日，第4张第2版。前者说：“君上有统治国家之大权，凡立法、行政、司法，皆归总揽”；后者说：“立法之权属之议会，行政司法之权属之有司，统治大权归之皇太后皇上。”

② 参见《清实录·德宗景皇帝实录》（八），总第59册，第470页；《那桐日记（1890—1925）》，下册，北京市档案馆编，新华出版社2006年版，第583页。

③ 至宣统三年（1911年）设责任内阁，即以军机大臣为总协理大臣，政务处也同时撤销。

④ 《谕旨》，《大清新法令1901—1911》（点校本），第1卷，第39页。

⑤ 《那桐日记（1890—1925）》，下册，第584页。

公文，均由政治馆办理”。新的会议政务处“事权尽失，情同备位”。最初是处中人员“纷纷辞职”，后来则正式裁减，“所有政务处官员，除由政治馆提调酌留数员外，其余一律咨回原衙门当差”。① 而政治馆实际统合了军机处、内阁和各部大臣，使“集体领导”更为方便。然而在1907年8月政治馆更名为宪政编查馆时，又决定“所有军机大臣、大学士、参预政务大臣会议事宜，着改由内阁办理”。②

先是袁世凯在7月上奏，提出“政府必须早建”。即使暂不设责任内阁，“亦宜合军机、政务处为一，而冠以政府名称，宣布应议条件，以杜专揽推诿之风”。③ 朝廷下政务处议，政务处覆奏说，上年新官制的“中央政府，即以各部长官会合而成”，已有所动。“今奉旨将会议政务处改归内阁，凡军机大臣、各部大臣，皆入阁会议，公同取决。”与袁折所说“合军机、政务处为一之办法，亦适相符合”。④

到1908年年末，江苏巡抚接军机处通知：“嗣后各省将军督抚大员具奏折件，须先摘叙事由，随折咨照政务处，详核可否入

---

① 《政务处人员告退之消息》，《申报》，1906年12月2日，第2版；《议裁政务处司员》，《申报》，1907年4月17日，第10版。

② 《考察政治馆改为宪政编查馆谕》（1907年8月），《清末筹备立宪档案史料》，上册，第45—46页。

③ 直隶总督袁世凯：《奏为密陈管见条举十事缮单备采折》（1907年7月），中国第一历史档案馆：录副奏折，按此折电子档被分成两部分，档号03-9287-006、008，缩微号667-1094、1102。

④ 政务处：《覆奏袁军机预备立宪折》，《申报》，1907年9月25日，第2版。

奏，再行呈递。”[①] 似乎政务处的权限又有所恢复。而宪政馆的重要性也并未降低，不过更多偏重制度设计。到1909年其具有检查各地筹备宪政的职能后，影响又空前增强，也进一步加剧了中央和外省之间的紧张（详后）。不过，从光绪、宣统两朝《实录》看，各中枢机构的分工大致是军机处仍掌收奏折，而政务处承担“会议”决策职能，再由军机处发出上谕。

1908年摄政王监国后，曾反对设总理大臣的赵炳麟，又奏请规复乾隆朝军机署名旧制，并云：“东西国副署之制，亦同此意。”[②] 旋奉旨交内阁各部院并案会议具奏。后内阁等衙门会奏的《摄政王礼节》中便规定：“凡有谕旨，均请摄政王钤章，由军机大臣署名，然后遵奉施行。”若摄政王“有面奉之懿旨，一并由王署衔钤章，军机大臣仍均署名”。[③] 这部分或因摄政王地位特殊而出，但军机大臣的权限确有所增强，略具以前宰相的意味了。可知反对设总理大臣的人，并非仅是维护“君权”；在不挑战“大权”的前提下，他们也试图限制“君权”。

大学堂总监督刘廷琛就曾提醒说，“大权”是不能虚悬的。他劝摄政王不要“徒慕立宪之虚名，而忽于用人行政之实事”；更不必听信什么“立宪国内阁代负责任，君主永保尊荣”的说

① 《督抚奏折先由政务处核定》，《申报》，1908年11月27日，第2张第2版。

② 赵炳麟：《三请清政源疏》（1908年12月5日），《赵柏岩集·柏岩文存》，上册，第472页。

③ 刘锦藻：《清朝续文献通考》，第9239页。

法。盖“有实权而后尊荣可保，稍一不慎，后悔何追”。此前军机处“庶政均待决于一人，而枢臣遂巧谢其责任”，确需整改。但新官制则“天下大权皆归内阁”，可能造成“天下知有总理，不复知有朝廷”的“孤立之势”。故即使任命了总理，摄政王也要阅看章奏，召见大臣，坚持“入内办事”。若王“今日无政可摄”，则“异日皇上无政可亲”。这不仅是皇室自身的问题，从外国的例子看，“立宪同，而其效不同”。凡人主“大权固则收富强之效，大权替则开危乱之端”。[①]

自诸葛亮点出“宫中”“府中”之差异以来，皇室与百官系统的紧张与竞争一直存在。如果确有后人所谓君权、相权之争，则士大夫当倾向于后者；若满汉意识不止潜存甚且较强，汉族士大夫也应倾向于后者。但上述据“权力”新观念为君主说话的士大夫，却多是汉人。从长时段看，设丞相本是更久远的体制。是清代废相的政治体制，已造成观念层面的转化，使其真以为设丞相不利于治理？还是清末一些读书人已经异化，其心目中的本朝体制（历时并不甚长）已超越于满汉，复受到新入观念影响，故反能从“君权”一面着眼？

进而言之，在普天之下莫非王土的时代，如果君主出于掌控权力的“理性”认知，一般不会支持官僚体系的扩充。而在清末

① 刘廷琛：《奏为固皇业而保治安折》（1908年11月），刘锦藻：《清朝续文献通考》，第11510页。

改革中，君位对官僚体系似乎呈现出一种步步退让的态势，尽管有些不得已，却坐看官僚体系的步步扩展。那些站在皇室立场说话的奏章，虽实际影响了上意，却非主流（即前引大臣不言小臣言）。连这都不能成主流，是个非常重要的现象。为什么那时君臣大都不曾“上升到这样的高度”来认识问题？是他们心目中有着更重要的考虑？还是别的原因？这些问题提示着官制改革展现出的深层转变，不可等闲视之。

实际上，改官制尚在酝酿之中，便已造成恐慌。盖改革牵涉极广，虽也有新部之设，对裁撤部门的官员个人而言，确也牵涉到生计问题，不能仅视为当事人格调不高。如御史吴钫所说：“士大夫以官为生者，十之七八”，故因议更官制，“大小臣僚，相与议论，皇然有不安其位之虑”。[①] 御史杜本崇也观察到“官府上下，荡无所守，人心惶惑”的现象。[②] 前引温肃所说“各部大臣、各省督抚，无从预知”是造成恐慌的一个重要原因。他以为，改官制“事本正大，而故出以秘密，使局外无从置议。及至发出，则以案经奏准，箝天下之口”，遂导致“举朝皇皇，如摈逐之在即”。[③]

---

① 吴钫：《奏改官制宜筹安置汰员以消立宪阻力折》（1906年9月），《清末筹备立宪档案史料》，上册，第404—405页。

② 杜本崇：《奏更改官制不宜全事更张折》（1906年），《清末筹备立宪档案史料》，上册，第425页。

③ 温肃：《请将新官制草案宣示臣工详细核定折》（宣统二年十一月），《温侍御毅夫年谱及檗龛奏稿》，第64页。

新官制宣布之前，陶湘报告说，对于变更官制，“近来谣传纷杂”，以致“朝市之间，莫不皇皇如。竟有人言戊戌将见者”。不仅人心扰乱，连市面也“因此而生观望之心”。[①]宣布之后，时在工部任职的孙宝瑄见证了工部并入农工商部后同人的慌张，他到署即发现“合署人以被裁，相顾失色”，而“司员皆麇集堂上，彷徨无所措，问答数语即散”。[②]次年报纸说，当时可名为“恐慌时代”，全国皆“坐不得安、立不得稳”，而“人人怀保位心，人人存失位心”；遂至“人人在动摇中，人人在惊惧中”，终使“维新之天下，乃变为惊心之天下”。[③]虽不专为改官制言，却很能体现那时官场的风貌。

当时官制改革的进程和结果，确令各方面的人不满，不仅是趋新者大失所望，被后人视为“守旧”者中很多人也极不欣赏。既存研究多注意到趋新者的失望，其实很多维护体制的人，已有天下将大乱的感觉了。[④]问题是新官制得到了朝廷的鼎力支撑，故不仅是执笔的“少年”可以“用夷变夏”，主持的大臣亦然。稍后议及外省官制时，张之洞就毫不客气地对主事者说：“今日

---

① 《齐东野语》(陶湘致盛宣怀，1906年9月2日)，《辛亥革命前后——盛宣怀档案资料选辑之一》，第27页。

② 孙宝瑄：《忘山庐日记》，1906年11月8日，下册，第938页。

③ 《论现今时代之恐慌》，《盛京时报》，1907年8月22日，第2版。

④ 参见赵炳麟：《奏新编官制权归内阁流弊太多折》(1906年10月)、王宝田等：《条陈立宪更改官制之弊呈》(1906年10月)，《清末筹备立宪档案史料》，上册，第442、157页。

预备立宪，只须合立宪之用，不必求合于海外立宪国之官制。”与东西各国比，中国疆域广大而交通不畅，“且立国之本原，历代政体相沿之成局，国民性情之利病，目前国家之实力，中外各自不同，岂能事事强合？”[①]

后者恰是许多人眼中新官制的特点。恽毓鼎在私信中说，仅更改部门的名称，而人员、手段依旧。“譬之店肆亏败，唯易一门榜，谓其可致兴隆，虽愚者亦不信也。”内阁学士麒德则正式指责新官制不过“尽取外国之名称，强为粘合”。翰林院侍读学士周克宽具体指出，拟议中的礼部改为典礼院，理藩部改为殖务部，兵部、刑部改为军部、法部，皆“职掌如旧，名称取新；辞不雅驯，事同儿戏”。[②]

这些名称后未尽使用，但官制改革在很多方面流于形式，大体也是事实。这多少受到前述“纸张天下”的流风影响，对整体改革可能造成极大的风险。御史陈善同后来指出：“夫国恃法以立。今日处新旧递嬗之交，旧法既破除净尽，荡然无复一线之存；而所谓新法者，乃徒托之空文，无一能要诸实践。是一切规

① 湖广总督张之洞：《覆厘定官制王大臣电》（1907年1月4日），《近代史资料》总76号（1989年12月），第85页。

② 恽毓鼎：《澄斋日记》，1906年8月19日，浙江古籍出版社2004年版，第321页；内阁学士麒德：《奏请徐图立宪不可轻改官制折》（1906年10月）、翰林院侍读学士周克宽：《奏更改官制只各易新名实不如旧制折》（1906年9月），《清末筹备立宪档案史料》，上册，第453、421页。

程，皆成虚饰。举国上下，同处于无法之中。危莫危于此矣。”[①]清季开始提倡以法治国，而却陷于举国无法的境地，改革前景，实不乐观。

另一方面，众多研究者早已看到趋新者对新官制的失望。如新官制的一个要点，是取消了原来满汉两尚书四侍郎的对等官制。实际的结果却是各部尚书（含管部大臣）中满略多于汉，与很多人心中的预设不同。梁启超当时就夸张地说：“新官制改革之结果，满人尽据要津，致社会上有‘排汉政策’之新名词出现。”[②]既然新旧皆不满，就从一个侧面提示出，那时的改动其实也相当大。

若从新设各部到“馆、处”的设立看官制改革，则其在体制层面的改变和冲击并不小。实际上，当时日本人就认为，新官制“如六部九卿衙门之变更，则不独变易清国祖宗之成法，而实破坏数千年之积习”。[③]且中国“改革之要，首在统一兵权。兵权既统一于中央，则中央之权力自易及于各省”。然而“清国官制之改革，徒着眼于司法行政之分立及地方之自治，而于最急之要务

---

① 陈善同：《奏陈设立内阁管见六端折》（1911年7月），《陈侍御奏稿》，（台北）文海出版社1968年版（沈云龙主编《近代中国史料丛刊》第28辑），第285页。

② 梁启超：《现政府与革命党》（1906年），《饮冰室合集·文集之十九》，第48页。

③ 《清国现势论》（译大阪《朝日新闻》文），《大公报》，1908年2月27日，第3版。

置而不图”，实可谓“最大之矛盾”。[1] 司法行政的分立和地方自治，正是今日很多研究者所看重的，却不是日本人眼中当时清廷所急需。这也从一个侧面表现出，官制改革虽多流于形式，至少在眼光上还是较为长远的。

不过，这更多是外人的旁观及今人的后见之明，对当事人而言，中央官制的改革的确令各方面都不满，并引起一系列的人事变动。先是对新官制编纂贡献甚大的袁世凯因“跋扈”而失势，失去了大量实质性的兼差，兵权也被缩小。更重要的是，他已受慈禧太后猜疑，开始疏离于权力中心。[2] 不久又有次年的所谓“丁未政潮”，与袁世凯和庆亲王对立的瞿鸿禨和岑春煊先后被罢免。[3] 在时人眼中，瞿鸿禨和袁世凯分属官场中的清流浊流，慈禧太后似乎在两者中维持一定的平衡。权力竞争的结果，双方各有所折，可以说没有一个赢家，仿佛都被太后所操纵。然而朝廷能用之大员，也就进一步缩减到几近于无了。

在时人关于任法与任人的思辨中，官制是最能体现法与人关系的。如果不仅侧重制度，也重视执行制度的人，则整个新政

---

① 《清国现势论》（续前），《大公报》，1908年2月29日，第3版。

② 太监李莲英因袁世凯与盛宣怀不睦，久不联系；当年九月，外间尚不知袁失势时，忽然给盛宣怀送礼，更对盛的坐探明言袁世凯“近来不甚妥当”，便是最清楚的表征。参见《齐东野语》（陶湘致盛宣怀，1906年11月22日、1907年1月10日），《辛亥革命前后——盛宣怀档案资料选辑之一》，第31—34页。

③ 参见周育民：《从官制改革到丁未政潮》，《江海学刊》1988年第4期；郭卫东：《论丁未政潮》，《近代史研究》1989年第5期。

甚至更早的改革，都有一个领导能力的问题。而且是一个直接影响到改革成败的重大问题。越是自上而下的行为，越需要有人才展现领导能力。当此物资匮乏之际，还要推行全面的改革，很容易导致体制摇撼，又比承平时候更需干才。而当时的情形是，上面的领导能力不足，下面也缺乏可用人才。两者共同构成一个大问题：如果法必须变，则谁来变法？变法之后，谁来推行已变之法？

詹森师曾对比近代中日的改革，也特别强调改革的领导能力。他认为日本很早就形成了有力的领导核心，且能持续进行；而中国一直未能确立这样的核心，故政策多变，而效果亦差。[①]陈寅恪后来曾写出了“开元全盛谁还忆，便忆贞元满泪痕”的诗句。[②]此或用刘禹锡《听旧宫中乐人穆氏唱歌》“休唱贞元供奉曲，当时朝士已无多”一典，叹清季朝中无人（而以此诗赠予瞿鸿禨的后人，又有些特别的意味）。在诸多根本性的困难面前，清廷的领导能力受到极大的考验。

与慈禧太后时代相比，摄政王个人及其周边统治团体的领导能力明显更弱。庆王等（且不论其贪腐）在行政方面虽无太大的倒行逆施，但其能力不足以应付危局，仅徒维持而无意开拓，却

---

① 这是很多年前詹森师对我的当面指教，具体的论述，可参见Marius B. Jansen, *Japan and China: From War to Peace, 1894–1972*, Chicago: Rand McNally, 1975。

② 陈寅恪：《赠瞿兑之·一》（1964年），《陈寅恪集·诗集》，第151页。

也是事实。而其所依赖的"三五少年"（以留日学生为主）[①]，却又有着"任意去留"的特点——他们为摹仿东洋体制，真不惜"举祖宗成法扫除而更张之"。[②] 换言之，在改革的制动层面，原就存有某种程度的紧张。

瞿鸿禨所倚重的留日学生范源濂，或许说出了"三五少年"的共同心声："凡一国欲有改革，必将其从来状态，移置更换。"社会秩序，也生出种种变动。当"旧秩序忽破，新秩序方生"之时，"事会迁移，人心摇动，此各国举改革之业，未有不经过之现象"。此"非一国之所能独免，亦原不足为深虑"。若因此"些少之困难"而放弃改革，"则国家之进步无望，民间必有起而要求改革者"，其祸尤烈。[③] 后者是大实话，但改革所导致的全面社会动荡却绝不是"些少之困难"，实不能不深虑而预为准备。

清季改革的很多重大措施，便是在这样暗存紧张的情形下产

---

① 曹汝霖后来回忆说，他和汪荣宝、章宗祥、陆宗舆四人，"每逢新政，无役不从，议论最多，时人戏称为四金刚"。曹汝霖：《一生之回忆》，（香港）春秋杂志社1966年版，第59页。

② 陆宝忠致瞿鸿禨（1906年9月15日），《瞿鸿禨朋僚书牍选（上）》，《近代史资料》总108号（2004年4月），第20页。

③ 范源濂致瞿鸿禨（1906年），《瞿鸿禨朋僚书牍选（上）》，《近代史资料》总108号（2004年4月），第37页。按当时"三五少年"的作用非常值得进一步深入探讨，许多大臣督抚想要招募的是他们，后来督抚群起反对的也是他们，详另文。

生。且晚清的所有改革，本都倾向“富强”，而重物力者往往轻人心而重制度。其实古今中外任何制度，本皆有利有弊。而一个关键，即如何选拔人才，能使君子道长、小人道消。号称权力自下而上的代议制，其核心更在于选举人和选举出来的人，亦即梁启超所说的，苟有新民，何患无新制度、新政府、新国家。① 反之，不论引进多么优秀的制度，若人本身没有改变，以与制度同化，其他一切的“新”，都可能流于形式。若仅在方式方法上摹仿，还可能适得其反。

这样，官制改革乃成为立宪的一个转折点。改革如果成功，则可能使新政和常政统合而为宪政。盖若维持改革和日常事务区分的“两条腿走路”取向，则如翰林院侍读学士周克宽所说：“改官制为行宪政，即官制不改，亦断无妨害宪政之官破坏宪政。”② 但若想要化两径为一途，则官制改革成功后，“馆、处”因职责完成而淡出，新政、常政同为宪政，真可能协力同心，共图富强。反之，若官制改革也成为“纸片上之政治”，则两者歧异更甚，可能根本损毁自上而下的改革取向。

当时人才似已不足以应巨变，新官制又不能理顺新旧机构间的对立，也未曾造成官员素质的实质性改变，则一些原本潜存的

---

① 参见梁启超：《新民说》（1902—1903年），《饮冰室合集·专集之四》，第2页。

② 周克宽：《奏更改官制只各易新名实不如旧制折》（1906年9月），《清末筹备立宪档案史料》，上册，第421页。

紧张便可能逐渐凸显，展现出整个自上而下的改革取向并未形成一个自足而可操作的工作体系。在这样的背景下，开国会确实是一种选项，即以众人之才智能力弥补少数人能力的不足。

六、转向自下而上："筹备清单"带来的转折

中央官制大体定局后，接着就是外省官制的编订。这一进程到1911年才以妥协而草草了结。除形式外，涉及根本的实际变更，多未落实；却凸显了一个久已存在、复因“东南互保”而一度有些尴尬的关系，即在中央集权的趋势下，对各省究竟怎样定位。前述光绪帝在1901年年初发布谕旨，要求“严禁新旧之名，浑融中外之迹”，主要针对着“拳乱”后士人与朝廷间的紧张，附带也有使参与“东南互保”的督抚安心之意。盖破除了“新旧之名”，则朝廷与疆臣之间的一度对立也就可以“浑融”了。①

然而，需要化除、浑融，正提示着紧张的存在，这样的关系多少有些尴尬。从那时起，朝廷与各督抚就一直在摸索中调整相互的关系。这一切，又和当时政治言说中频繁出现的两个关键词相关，即“中央”集权和“地方”自治。稍早瞿鸿禨曾以官制询其亲近者，章华就说，列强文明之制，“属于外省，曰地方制度；属于各部，曰中央集权”。② 可知“地方制度”正类“中央集权”，都是外来新名词。而端方等更明言：“地方自治之制，其名词译自日本。”③

---

① 1901年1月间两江总督刘坤一、湖广总督张之洞、直隶总督袁世凯与盛宣怀之间的一组往来电报，便清楚地揭示了怎样向朝廷表述“东南互保”的正当性以及“化新旧之见”的实质意味。参见《张之洞全集》，第10册，苑书义等主编，河北人民出版社1998年版，第8490—8493页。

② 章华致瞿鸿禨（1906年），《瞿鸿禨朋僚书牍选（下）》，《近代史资料》总109号（2004年8月），第58页。按章华时为军机章京，是瞿的门生兼姻亲。

③ 端方、陈启泰：《为设局筹办江南地方自治折》（1908年2月），《中华民国史档案资料汇编》，第1辑，第102页。

有时日本人也比一些中国人更清楚地看到中外新旧观念间的紧张。一篇当年较有影响的日本文章说，官制改革的一大矛盾，即所谓“地方官制”。从元代开始的行省制，清代固定为督抚常置，其“拥有广大之版图”，军事、外交，均要负责。道光后内忧外患不绝，不仅“一有变乱，任各督抚之自为镇抚”；且兵饷不自国库，由“各省自筹”。于是中央之魁柄下移，而各省相对独立，可不必“互为应援”。虽中国改官制多摹仿日本，但不仅整体上中国大日本小，各省督抚“割据之疆域”，也非日本诸藩若“萨、长、肥弹丸之地可比”。简言之，在外省官制方面，日本“维新之时，无其例也”。①

而外来新观念引入后，省的定位的确是一大问题。梁启超指出，中国各省“地域广而人民众”的特性，决定了“其公共相通之利害，必不在小节而在大纲”。凡“有所兴革，其影响立即波及于中央与邻省”。而其成功，“又往往非藉中央之倡导、邻省之协助”不可。故一省事务不仅是一地之行政，其动议往往“牵及于全国之政治问题”，实非“东西各国地方事务”可比。从法理言，中国的行省，兼具“地方自治团体”和“国家行政区域”两种性质，故督抚亦“兼有各国之地方长官与国务大臣之两种资格”。督抚的职衔本与各部大臣等，而因负责一省之全面，其实

① 按译自大阪《朝日新闻》的《清国现势论》一文，曾分别在《大公报》和《盛京时报》上连载。本书所引均自《大公报》，从1908年2月27日到3月1日（原误书2月30日），第2—3版。

际政治权力尚略过之。[①]

梁启超所谓一省事务不仅是一地之事，往往波及邻省、牵动全国，比日本人所说更为全面。但在实际操作领域，处于小政府格局下的晚清中国，有事则各督抚不得不“自为镇抚”；而他省是否“应援”，可以相对独立地决定，也是事实。在这样的背景下，各省官制的制定既乏模本，即使仅在纸面落实，也困难得多。

最初的上谕和往还电文，大都还说是厘定各省官制，似并不觉得“省”有什么不正常（大体上，偏守成者说各省或外省官制，而趋新者多称“地方”官制）。然而到1910年，宪政编查馆一方面确认了各省官吏为地方官，同时也感觉到“省”与“地方”之间的紧张。该馆称，一般的区分，有中央集权和地方分权，但中国“情形不同”，遂将国家行政事务的执行机关定为四级，中央政府各部直达地方的为“直接官治”，中央委任各省官吏执行的为“间接官治”，各省官吏奉行的为“地方官治”，再下面是各地的“地方自治”。比中央集权多了“地方官治”，比地方分权多了“间接官治”，其实都在省一级。[②]

“省”虽被定位为“地方”，实际却在“中央”与“地方”之间，这是当年外省官制甚难处理的问题。如果说中央的改官制或

---

① 梁启超：《谘议局权限职务十论》（1910年3—4月），《饮冰室合集·文集之二十五上》，第37—40页。

② 宪政编查馆：《呈拟行政事务权限办法折》（1910年4月），《中华民国史档案资料汇编》，第1辑，第127页。

较多是因应时需（也基于半带想象的认知），与地方自治相通的外省官制，实处理着一个自郡县制实施以来的长远问题，根本上就是一个广土众民的局面如何实行治理的问题。清末的改革，似乎想要既能发挥所谓地方自治，又能上下相通，不至于出现余肇康所谓“鞭长莫及，散钱满地”的态势；[①] 即外省不仅听命于中央，在天下“有事”时更要支持中央（这在“东南互保”之后，有很实在的意义）。

然若中央集权后复设责任内阁，所谓“大臣专制”的可能性便增强，此时督抚有权的平衡作用就很明显了。东三省总督锡良便提醒说：“必欲以数部臣之心思才力，统辖二十二行省之事”，督抚就成了摆设。“设有缓急，中央既耳目不及，外省又呼应不灵，为祸实大。”[②] 自诸葛亮点出“宫中府中”之别后，防止宰相擅权就与担心方镇尾大不掉一样，成为历代朝廷念兹在兹、无日或忘之事。清代先已废相，又因立宪而将行虚君制，更面临国家对外竞争的重任，中央不得不加强“集权”，其间实存多层次的紧张。在这样的背景下，大体维持督抚的权力格局，或对君位更为理想。

在普天之下莫非王土的时代，内外（时人也常说中外）更多

① 余肇康致瞿鸿禨（1906年9月22日），《瞿鸿禨朋僚书牍选（上）》，《近代史资料》总108号（2004年4月），第21页。按余原说的是州县，此借用之。

② 锡良：《时局危急密陈管见折》（1910年），《锡良遗稿·奏稿》，中华书局1959年版，第2册，第1127页。

是一个空间的概念，或袁世凯所谓立法与行政的关系。随着权利义务观念和思路的引进，以守旧著称的夏震武，也号称从六经中看到“国家有收税之义，即有保护人民之义；人民有纳税之义，即有参预政事之义”。[①] 如果税收、服务及政治参与权本关联在一起已成为较普遍的认知，而时人心目中的“自治”，又还隐含着某种“独立”的意味，其程度随“地方”的范围而伸缩，则“行省”的定位是“中央”还是“地方”的一部分，便有了性质的不同，也有了新的具体意义。

于是，岁入的分配、军队的指挥（晚清的新军，大致应属后来所谓国防军，实际多由督抚创建、训练和维持）、外交的应对（对各省言即涉外事件）等，都成为新的问题。在新引入的国家观念里，外交、军事等权责都应在中央。但清末的实际情形是，这些事同时也是督抚（上无总督的巡抚）的责任。后来督抚与中央就此长期辩难，[②] 后之研究者也多以为督抚争权。其实与权相应的，还有责任问题。盖不仅在地的“变乱”要由督抚处理（因此需要调遣和指挥军队），沿边各省多有相关的外交问题，内地的

---

① 参见夏震武：《孟子讲义》，开封新民社石印部1919年版，第29—30页。我所用的是林庆彰主编的《民国时期哲学思想丛书》第一编（[台中]文听阁图书有限公司2010年版）中的影印本，页码亦随之。窃以为这未必是六经之本义，基本可以肯定是夏震武从他所谓“西洋之霸术”中得到的启发。

② 各督抚的相关往来电文，参见中国第一历史档案馆：《清末筹备立宪档案史料补遗》，《历史档案》1993年第3期，第51—63页。

涉教事件也属于外交。[①]

简言之，如果“行省”不是“中央”，各省督抚要承担“国家”的责任，他们即应分享“国家”的税收。按“清单”规定，筹备宪政的第三年（即后来的宣统二年）要厘定地方税章程，次年颁布；同时厘定国家税章程，再次年颁布。[②] 这表明划分“地方税”和“国家税”的观念已经确立。此前一再敦促的督抚，此后仍纷纷要求尽快划分。大约即在此过程中，“省”逐渐坐实了“地方”的称谓（与明清小说中常称“地保”一类人为“地方”，可谓霄壤之别）。[③] 略具讽刺意味的是，只有一部分督抚拟以“国家税”支付与“国家责任”相关的支出，另一些人实寄希望于以“地方税”来履行其承担的“国家责任”，充分表现出所谓“过渡时代”的特色。[④]

---

① 连“教民”都成为与一般人不同的一个群体，与他们相关的事，也往往涉及外交。参见邓常春：“晚清四川教务教案视野中的官绅民教及其互动（1860—1911）”，四川大学历史系博士论文，2005年。

② 参见宪政编查馆资政院：《会奏宪法大纲暨议院法选举法要领及逐年筹备事宜折（附清单二）》（1908年8月），《清末筹备立宪档案史料》，上册，第63—64页。

③ 类似观念转变也影响了后之研究者，如《近代史资料》总76号刊发的《清末督抚答复厘定地方官制电稿》，这些电文原标题是“各省督抚请厘定官制电稿”，编者以为“不太确切”，改为“清末督抚答复厘定地方官制电稿”（见该期第51页的“编者按”）。编者的本意或主要是指督抚是在被动“答复”而不是主动“请”，但无意中把“各省”易为“地方”，表明省即地方的观念已经习惯成自然了。

④ 关于“过渡时代”的一些初步看法，参见罗志田：《革命加转化的过渡时代》，《文化纵横》2009年2月号。

对各省官制的设计，最主要的有二：一是省级机构和官员的调整，二是州县一级增添了不少新机构和官员。省级有两个方案，一者颇有更新，并集权于督抚；一者基本依旧，但另设专管财政（兼管）交通的财政司。两方案的共同点是各级都依照中央的新官制增设了一些相应的新机构，并把财政分出或单列于布政司，以与京城官制衔接。同时，从省到州县，都要增设独立的审判系统。[①]

或许是迫于改革的大趋势，或也因新方案中督抚自身的权力有所增强，较多督抚对改新的方案表示了有保留的赞同；主张依循旧制的较少，其意见也未被采纳。[②] 但对于州县一级增添新官，则相当多督抚都表示了迟疑和反对，主要的理由是支出过巨，财力难以承受；同时这些新官又都需要新式人才，尚不知人从何来。[③]

最初的设计，府州县均“设六品至九品官，分掌财赋、巡

---

① 参见厘定官制大臣：《致各省督抚通电》（1906年11月），《近代史资料》总76号（1989年12月），第51—53页；编纂官制大臣载泽等：《原拟直省官制总则草案》，《东方杂志》第4年第8期（1907年10月），第410—414页（栏页）。

② 云贵总督岑春煊是少数对改新方案表达出充分支持的官员，他以为“既谋更张”，但问将来是否实际受益，不必考虑现状。盖“若求合于各省程度，则此时无论组织若何，皆不能无得此失彼之虑”。参见云贵总督岑春煊：《覆厘定官制王大臣电》（1906年12月8日），《近代史资料》总76号（1989年12月），第71页。

③ 参见《清末督抚答复厘定地方官制电稿》，《近代史资料》总76号（1989年12月），第53—90页。

警、教育、监狱、农工商及庶务，同集一署办公”。[①] 后因督抚反对，“大半以无才无费为词”，改为设总务长、主计员、警务长、劝学员、劝业员和典狱员，分掌上述事务。“其僻小不能备员者，许其兼摄，惟至少须设四员”。此前教育已有劝学员、巡警有巡官、管监狱有典史，只差财赋和农工商两项。若以四员计，则“地方官于原有三项之外，仅添一项。所需公费，似尚易筹”。[②]

这多少有掩耳盗铃之嫌，因劝学员和巡官皆是新政产物，后者在不少地方还仅在纸面，所谓原有三项，实仅典史一员而已，其余都是添设（由于是推行新政，对原有佐杂官，都要考核甄别才能委用，余均遣散。典史能否改任典狱员，尚不肯定）。又因各府州县均“别设地方审判厅，置审判官，受理诉讼；并画府州县各分为三，每区设谳局一所，置审判官，受理细故诉讼”。[③] 故区分行政和司法的结果，理论上官员至少倍增。实则还不止，因亲民官仅到州县层级，而审判官又下降到“区”一级，一县又增三官，整体官员数大增。且这些新设官佐，皆仿效外国新规，要

---

① 载泽等：《为厘定直省官制事致各省督抚电》（1906年11月5日），《东方杂志》第4年第8期（1907年10月），第414—415页（栏页）。

② 编纂官制大臣载泽等：《原拟地方官设佐治员并酌拟佐治员任用法说帖》，《东方杂志》第4年第8期（1907年10月），第424页（栏页）。

③ 载泽等：《为厘定直省官制事致各省督抚电》（1906年11月5日），《东方杂志》第4年第8期（1907年10月），第415页（栏页）。

“优给俸禄”，支出进一步大增。[①]

广西巡抚林绍年就说，广西全省“增出之官，不止十倍”。人才不足且不说，“经费无可骤筹”；所“增养官之款，取于公则款万绌，取于民则力早穷”。即使将各州县“平余陋规，悉化私为公”，一县之款，“以养一官犹苦不足，若分养多官，更不能敷”。[②]河南巡抚张人骏也说，河南“亲民之官，骤增十倍，员数逾千”，此项“新增之费，为数甚巨。取之于公，则空虚之余，无此财力；取之于民，则宪法未备、民智未开，苛敛适以召乱”。[③]余如四川“通省将及千员”，山西“添员需八百余人”，浙江也“需四五百员”。[④]

这些数字，似还没将各级法官计算在内，却也至少是多倍数的增加。其他很多督抚，也都表示经费无着。两广总督周馥提醒厘定官制王大臣，“今日变法宜急，尤宜体民心、量财力，不可骤为大改”。现在通国官民虽“无不以立宪为幸”，然毕竟“程

---

① 如山东巡抚杨士骧所说：“新官逾于旧额甚多，新俸溢于旧廉尤重。”杨士骧：《覆厘定官制王大臣电》（1906年12月15日），《近代史资料》总76号（1989年12月），第74页。

② 林绍年：《覆厘定官制王大臣电》（1906年11月22日），《近代史资料》总76号（1989年12月），第59页。

③ 张人骏：《覆厘定官制王大臣电》（1906年11月23日），《近代史资料》总76号（1989年12月），第61—62页。

④ 四川总督锡良：《覆厘定官制王大臣电》（1906年11月23日）、山西巡抚恩寿：《覆厘定官制王大臣电》（1906年11月30日）、浙江巡抚张曾敭：《覆厘定官制王大臣电》（1906年12月1日），《近代史资料》总76号（1989年12月），第64、66、67页。

度太低，更张加速，恐复变故环生”。若“治民之官，遽加数倍，而无以养之，适足为害而自扰”。故他以为，“目下所最要最急者，莫如财政一事。似宜略仿外国办法，分别国家用、地方用”，使“人人共晓”，则“筹措稍易”。①

张之洞也上奏指出，当时局面已是“民穷财匮，乱匪四起，士气浮嚣”。而“待举之新政甚多”，州县“疲于奔命，无米为炊”；督抚“支左绌右，救过不遑”。若“改变太骤，全翻成局，需费太多，课虚责有”，则难保天下不乱。值此“民生困穷，动辄思乱”之时，“欲求养民生感民心之术，则以少取于民为先”。若朝廷坚持推进，则“各国制度皆分国家税、地方税两端，断宜划分酌留，不致竭泽而渔，庶教养诸政，可以实行”。②

周馥尚是婉转提醒，张之洞则已直截了当。对朝廷而言，这是一个危险的信号。盖督抚对外省新官制虽有抵触，毕竟那还有商量的余地，财务压力也不那么直接。若朝廷进一步催促，督抚便不得不思考并议及从经费上厘清“中央”与“地方”的关系。在官制协商仍在进行之时，朝廷颁布了筹备宪政的实行清单，清晰规定了具体的任务和完成时限。这一新举措让督抚感到了明确而直接的压力，使他们中多数人的态度有了显著的转变。面临空

---

① 周馥：《覆厘定官制王大臣电》（1906年12月12日），《近代史资料》总76号（1989年12月），第73页。

② 湖广总督张之洞：《覆厘定官制王大臣电》（1907年1月4日），《近代史资料》总76号（1989年12月），第85—86页。

前的作为要求和财务压力，越来越多的督抚不仅要求划分国家税和地方税，且明确提出以新的方式，即开国会来解决这一问题。

1908年8月，预备立宪“九年筹备清单”的公布，以及宪政馆考核专科的设立，是预备立宪期间的一件大事，也是京内外关系的一个重要转折。为保证九年后召开议会，上谕“责成内外臣工，遵照单开各节，依限举办。每届六个月，将筹办成绩胪列奏闻，并咨报宪政编查馆查核”。又要宪政馆和资政院“王大臣奏设专科，切实考核”。[①] 这样，宪政馆就不仅是预备立宪的“立法”者，同时也有了监察、考核各部院、各省筹备宪政成效的职权，其地位获得了极大的提升。

清廷复于1908年10月发布上谕，指出清单所“开各衙门筹备事宜，系就与开设议院最关切近者而言，非谓未列单内之各衙门，便可不受责成，逍遥事外”。后者的职责亦“皆与宪政息息相通，理应同时并进”。故“统限六个月内”，和已入清单之各部一起，“各就本管事宜，以九年应有办法，分期胪列奏明，交宪政编查馆会同覆核”。[②] 于是各部常政皆被纳入了宪政，都属于宪政馆“覆核”的范围。

“筹备清单”是慈禧太后留下的遗策。宣统帝继位后，1909

---

① 《九年预备立宪逐年推行筹备事宜谕》(1908年),《清末筹备立宪档案史料》，上册，第68页。

② 此上谕录自宪政编查馆：《会奏覆核各衙门九年筹备未尽事宜折（附清单）》(1909年9月),《清末筹备立宪档案史料》，上册，第71—72页。

年年初，宪政馆据上谕要求，奏请在馆内设立了考核专科，要各机构对于应行筹备事宜，每半年具奏咨报一次。“如有逾限不办，或阳奉阴违，或有名无实，即由馆指名，据实奏参。如办理稍有未协，由馆分别奏咨，指令更正。”[①]从此，各部院、各省的“政绩”，都处于宪政馆监察之下。部院的职责主要是制定、推出各项政策，为完成任务，它们随即出台不少要各省推行的新举措。对各省督抚而言，不论是“清单”本身还是各部新推出的要求，几乎无事不花钱，要完成指定的任务，实非易事。处于考核监督之下的各地督抚，与中央的对立更甚，其不满对象也渐由“馆、处”易为“馆、部”。[②]

自中央官制的改革方案宣布以后，尽管还有不少人在继续为外省官制大做文章，官场中很多人已对“钦定”改革取向本身持怀疑态度了。各地督抚往往一闻由“馆、处”甚或“馆、部”拟订新制，便想方设法预为防阻。凡涉及各省的政务、特别是需要经费支出的新举措，督抚们都吁请尽量宽缓，实际也的确无款可支了。反倒是开国会、设内阁等中央改革，他们均较积极。这从一个侧面提示出，到开国会为各方呼吁、仿佛成为众望所归之时，已是新政和立宪都进入难以推行而被迫敷衍的时段了。

---

① 宪政编查馆会奏：《设立专科考核议院未开前应行筹备事宜酌拟章程折（附清单）》（1909年1月），《清末筹备立宪档案史料》，上册，第69—71页。

② 云贵总督李经羲形象地说，当时的情形，是各省督抚“以一人之力，当各部之冲”。《滇督李经羲请设责任内阁折》，《国风报》，第1年第15期（1910年7月7日），第2页（文牍栏页）。

先是赵炳麟在1908年6月就奏请划分国税、地方税，而统其权于度支部。[①] 政务处议覆，认为赵折“深合立宪国之通例，亦为中国办事扼要之图，自应酌量筹办”。但此事“应请饬下各该督抚，先将该省出入各款，专委精核人员通盘调查，并将何项应入国税，何项应入地方税，详拟办法，咨明度支部分别核定，会同臣处汇拟切实可行之章程，具奏请旨，令各省分期照办。”[②] 这一建议得到朝廷允准。

到1909年6月，摄政王召见赵炳麟，询及九年筹备事宜，赵对以“应从预算逐年经费下手”。后赵又专折上奏，指出筹备清单所开诸事，“在在非款不行。倘不分年算定，预筹的款，臣恐纸片上之政治，与事实上之政治全不相符。从纸片上观之，则百废具举；从事实上核之，则百举具废”。请“将九年筹备单内所开各条，某年某事需款若干，从何处筹定，在何项指拨，分年列表，详议具奏”。约一年后，赵再次上奏呈请确定行政经费，“度量财力，以定新政次序”。否则，“在上多一虚文，在下增一实祸；保民不足，扰民有余”。他重复了上年的请求，再次强调“视民力能否担任，分别缓急轻重，次第施行”。[③]

---

① 参见赵炳麟：《请统一财权疏》（1908年6月），《赵柏岩集·柏岩文存》，上册，第464—466页。

② 《会议政务处奏议覆御史赵炳麟奏统一财权整理国政折》，《政治官报》第281号（光绪三十四年七月），第5—6页。

③ 赵炳麟：《奏请旨确定行政经费折》《请饬议前奏确定行政经费并预筹安插流民之策折》，《政治官报》第930号（宣统二年四月），第7—9、6—7页。

此时新政的推行已有些进退两难了，用湖北布政使王乃徵的话说："势不得止步，又不得改辙，则敷衍与搜括必出其一；甚或以搜括之财，行敷衍之策，而大局愈不堪设想矣！"若"因牵合九年筹备之期限，明知财力不继，而敷衍以应之；与因励行九年筹备之实事，不问民力若何，而搜括以济之；皆足失民心、伤国本"。故主张中国不必模仿西方的量出为入，为事筹款；而应分别缓急，量入为出，就款办事。简言之，当"就财力之缓急，以为筹备之后先"。[①]

赵、王两人的共识，即"清单"的各项要求需款甚巨，各省财政已不能承受，须作调整。这并非危言耸听，同年八月度支部的奏折也说：庚子辛丑以前，中国财政岁入约一万万两。"乃不及十年之间，倍其数而远过之。亦无非取之民间而已。"由于"频岁进行新政，主管各衙门督催孔急"。事关考成，各省不得不"张皇草创"。于是"自赡者藉以铺张，无力者逼为敷衍。兼营并骛之下，顿成巨亏"，已"岌岌不可终日"。岁收倍增"而忧贫转甚，其故可深长思"。若继续"不计财力之盈亏，而一意进趋，将出入之数必愈悬而愈远。美其名若百废俱举，稽其实则一事无成。宪政前途，殆不堪设想"。该部以为："处今日而谋国是，宜

① 湖北布政使王乃徵：《奏为筹备宪政应就目前财力酌分缓急拟请变通原案办法胪陈管见折》，《政治官报》第974号（宣统二年六月），第7—11页，引文在第8页。

就量入为出办法，徐图扩充，舍此别无良策。”①

朝廷此时也感觉各地需办之事和已有经费形成了较大差距，摄政王先谕准京内外各衙门讨论赵氏两次奏折，若见“筹备宪政有未能核实之处，尽可随时条陈，直言勿讳，朝廷必分别采纳”；②后又下旨命将王乃徵奏折“归并御史赵炳麟条陈，一并详议具奏”。③对此一些督抚的理解是，“朝旨令议复赵御史折，似欲言发于外，藉以折衷”。盖“近日旧政轮廓虽存，新政支离日甚”。若新旧“诸症合一，将不可救”。最可怕的是，倘因此而导致“外人干预，群沸交腾。本借宪政以固人心，转因宪政以速国祸”。④换言之，朝廷愿意修改“清单”，但希望先由督抚倡导，然后上面批准。

然而浙江巡抚增韫对上意的领会不同，他认为赵炳麟的计算过于铺张，浙江情形，经费尚能应付，“即有时必须国库补助，为数亦微”。总体可以“分年筹备，如期告成，不至以款竭而废事”。盖“‘无政事，则财用不足’。吾国非无财也，无理财者也”。如“应取于民者，印花本正当之税，而至今尚未推行；外

---

① 度支部：《奏遵章试办宣统三年预算并沥陈财政危迫情形折》，《政治官报》第1073号（宣统二年九月），第7—8页。

② 《监国对于筹备宪政之认真》，《大公报》，1910年6月9日，第5版。

③ 《谕旨》（1910年7月8日），《政治官报》第967号（宣统二年六月），第3页。

④ 瑞澂、李经羲：《致庞鸿书电》（1910年10月5日），《庞鸿书讨论立宪电文》，《近代史资料》总59号（1985年5月），第53页。

国之财产税、所得税、营业税皆入款大宗，而吾国不能仿办。果使机关齐备，法律完全，一切仿而行之，行政经费，绰绰有余裕矣”。不照此理财，则“日日言爱民，而民困更甚；日日言筹款，而款集无时”。[1]

其余各省覆奏，则多诉苦而要求调整。如报纸所说，朝廷“不能为各省设想，事事严加督促。各督抚处此不完全机关之下，其困苦之状，实有难言。故遇此次覆奏，乃乘机而大声一呼”。[2]江苏巡抚程德全即抱怨说：“九年筹备，馆部订章，或为多国之陈迹，或系个人之理想。于中国财力民力，本不恰合；于各省风气之不同、地位之迥异，更未尝置意。”[3]这些对制定政策者的不满，应表达出了多数督抚的心声。

后朝廷有意修改“清单”，锡良等十五督抚又连衔电奏，质疑宪政馆的资格。电报称：“修正清单要旨，期于能实行而已。顾清单能否实行，视修正者能否负责为准。今宪政编查馆既不能代内阁负实行之责，他日内阁成立，亦不能代馆臣负修正之责。是内阁一日不成，即修正一日无效。”他们要求皇上“钦派督抚数员，敕下宪政编查馆，随时电商，协同妥订”内阁官制。待写

---

① 浙江巡抚增韫：《奏遵旨并议御史赵炳麟等奏请定行政经费并附抒管见折》，《政治官报》第1047号（宣统二年八月），第10—12页。

② 《书各省督抚议覆行政经费折后（续）》，《申报》，1910年10月22日，第1张第2版。

③ 《各省督抚筹商借债筑路电·苏抚程电》，《国风报》第1年第26期（1910年10月23日），第5页（文牍栏页）。

定奏请颁行时，即“简任总理、组织内阁”，由阁臣“统筹财政，准量盈虚，修正清单”。[①] 报纸概括众督抚的意见，即制定者（宪政馆）“不负实行之责，而实行者又无制定之权”。[②]

最令督抚们不满的是，当时的中央政府不仅时常推卸责任于各省督抚，且在收缩、限制他们的权限时，并不减轻他们的责任。如梁启超所说，如果“确有雄才大略公忠远识之人”主持中央政府，“能统筹全局，立一定之计画，以指导各行省，而整肃其步武”，则不妨集权。但实际的情形是，中央不仅“始终未尝有远大之计画，使全国知所率从”，而且“凡政务之稍涉重大者，辄委诸各省督抚之专办，以图卸责任”。[③] 连宪政编查馆也承认，当时的常规做法，“遇有要政，部臣不能为谋。所需之经费，或令其自行筹措，或径摊于各省”。[④]

署两广总督袁树勋就对“最新之学说所谓中央集权”，感觉“有不能已于言者”。他认为中央与四方是相互依存的关系，中央可以集权，但“集之亦必有道”。“各国之中央集权”，首先在“政府负责任”。而中国“历年各省关系国家行政经费，如海陆军

---

① 东三省总督锡良等致周树模电（1911年1月8日），中国第一历史档案馆：《清末筹备立宪档案史料补遗》，《历史档案》1993年第1期，第62—63页。

② 《督抚联衔电陈政见》，《盛京时报》，1911年1月17日，第2版。

③ 梁启超：《谘议局权限职务十论》（1910年3—4月），《饮冰室合集·文集之二十五上》，第40—41页。

④ 宪政编查馆：《呈拟行政事务权限办法折》（1910年4月），《中华民国史档案资料汇编》，第1辑，第126页。

各项，无一非责之各省督抚；又地方偏灾，或意外损失，并九年筹备种种新政各经费，无一非责之督抚。是中央集权而四方负责任”。政府“欲集权，亦必先自负责任始”。现中央将“前此督抚奉行之职务亦削而去之”，是“所剥削者四方办事之实权，而与为凌替者四方固有之责任”。这样下去，必导致“内外几无负责任之人”，却不能忘了外面还有虎视眈眈的列强在。①

不过，各督抚也并非仅仅抱怨，他们为使朝廷能“藉以折衷”，提出了很有创意的主张，即区分宪政和新政。毕竟立宪已是既定的国策，官员即使心存不满，也只能以表面支持求实际的延缓。直隶总督陈夔龙明确提出：“此时但当择其事之直接关系预备立宪者，专精毕虑以赴之。其余关于行政之事，惟当严核名实，随时酌量施行。”按他的分类，直接关系立宪的疆臣任务，是筹设各级审判检察厅、改良监狱和筹办地方自治。而教育和巡警两项，则“事关内部行政，无论立宪以前立宪以后，均应视国力以为设施，初不必划归预备范围之内”。②

山东巡抚孙宝琦也说，若“按照馆、部奏定事宜”，山东每年“约须添筹一千万金”，而实际筹到的，不过以十万计，相去甚远。就立宪“应行筹备各事而言，以法务、警务、学务需款最

① 袁树勋：《奏中央集权宜先有责任政府及监察机关折》，《国风报》第1年第13期（1910年6月17日），第12—15页（文牍栏页）。

② 陈夔龙：《奏并案详议赵炳麟王乃徵各条陈折》，《政治官报》第1020号（宣统二年七月），第5—7页。

为繁重”。除法务为“宪政急务”当“次第设施”外，如“巡警、教育，只为行政之一部，进步本无止境，急切难以图功”。可责成主管官司实力经营，“似不必限定如何成绩，强万有不齐之重，就一定不易之规”，可以“从缓筹议，稍宽程督之期”。①

赵炳麟旋又上奏，也认为筹备清单“多将行政之事加入立宪之内”。盖“清单既为立宪而开，自当注重立宪。其常年行政各事，当归入行政预算案内，度力量财，届时酌定；不宜混入清单，使缓急轻重，纷然无序；朝野上下，空文往还”。立宪与专制之分，在立宪国有国会、设责任政府、司法与行政分立。三者“皆于立宪极有关系”，是修改“清单”的重点。其余“教育、巡警、自治等事，应归入每年行政预算案内”，由各行政长官量力酌定，以收实效。②他虽主张对“清单”的修改应强化立宪方面，其侧重略不同，但大体赞同各督抚将行政事务剥离出九年期限的见解，并进一步把自治也列入普通行政之内。

或许受到赵炳麟的启发，广西巡抚张鸣岐也说：“宪政本原何在？责任内阁也、国会也、司法独立也。荦荦大端，不过三事”，其余“教育、巡警、自治，则当属普通行政范围。无论立宪以前立宪以后，尽可视民力之盈虚，为进行之迟速”。他据各

---

① 孙宝琦：《奏遵旨详议行政经费分别筹计折》，《政治官报》第1021号（宣统二年七月），第11—14页。

② 赵炳麟：《陈明管见疏》（宣统二年八月），《赵柏岩集·柏岩文存》，上册，第512—513页。

省呈报数字替中央算了一笔账：按“清单”要求，“每省经费所增，平均当在四千万，全国即当在七八万万”。而“闾阎生计凋零，在今日实有不支之势”。现在“各省民变之警，相继见告”，就是“民穷财尽之见端”。此时若不“亟筹穷变通久之方”，则重现“元明末造流寇之祸”，也并非不可能。[①]

前面说过，设宪政编查馆而隶属军机处，本意味着新政的宪政化；如今督抚们将此区隔，宪政的涵盖面乃大缩。且其分出的内容，虽曰“行政”，实皆“新政”，并非以前就存在的常政。而此新政的常政化，却并非是新政的扩张，而是为了延宕其推行。这样，在一种趋于常态化的扩充表象中，改革实际有所收敛，因而也就部分否定了自己。

在操作层面，区分的实质在于，凡属宪政，都要受九年清单的约束，定期接受“考核”；若改为普通行政，就不在“考核”的范围之内了。朝廷采纳了这个主张，在将筹备立宪从九年改为五年之后，[②]宪政馆奉旨修正筹备立宪清单，拟出提前、增入和变通三项办法，区分了宪政和行政。提前的“颁布施行内外官制及

① 张鸣岐：《奏筹备宪政当从本原着手折》，《政治官报》第1071号（宣统二年九月），第8—9页。

② 这是当时通行的说法，其实仅四年。该第五年是颁布召集议员之诏和实行开设议院，这是原筹备九年完成之后下一年的事，故筹备年限实际缩短为四年了。宪政编查馆对此的理解是清楚的，即“举第六年以后应办要政，责观成于第五年以前”。宪政编查馆大臣奕劻等：《拟呈修正宪政逐年筹备事宜折（附清单）》（1911年1月），《清末筹备立宪档案史料》，上册，第89页。

宣布宪法皇室大典”和增入的“设立内阁、颁布行政审判法”都属宪政；变通的包括将地方自治“改为按年续办”，以体现“循序渐进”的原则。重要的是明确了“巡警、教育等项，皆属普通行政事务，故此次单内未经列入”。[①]

在将九年筹备清单“各项事宜”按“原定年限分别缩短”的前提下，表述为“普通行政”的新政与宪政的区分得到了确认。即宪政仍加码，而新政则实可缓办。不在“清单”之内的“普通行政”，虽也要求主管衙门继续办理，实际已不受考核约束。同时，地方自治虽未被确定为“普通行政”，但经“变通”为按年续办，不像以前那样规定了完成年限，亦在无可无不可之间。

在督抚们成功划分宪政与新政之后，刘廷琛进而提出，应整体反思各政并举的改革取向。他说：“自甲午庚子一再赔款，每年骤增岁出数千万。”此后，“筹备宪政，不分缓急，同时并举”，似此“新政繁兴，财力断不能及”。因此他明确主张，对筹备清单所载，“未办者暂勿督催，已办者力汰浮费”。其余新政，也“当行者行之，不急者缓之”。凡事“但问能行不能行”，应“惟其实不惟其名”；那些“徒为涂饰耳目者，概暂停办”。[②]

刘廷琛确实看到了问题所在，不过他的基本态度偏于守旧，

---

① 奕劻等：《拟呈修正宪政逐年筹备事宜折（附清单）》（1911年1月），《清末筹备立宪档案史料》，上册，第89页。

② 刘廷琛：《奏为密陈日本野心横恣祸机莫测事》（1911年5月2日），中国第一历史档案馆藏：宫中档朱批奏折，按此折电子档被分成两部分，档号04-01-02-0112-003、012，缩微号04-01-02-006-1148、1217。

等于是主张全面退却。而改革进行到此，实已进退两难。山西巡抚丁宝铨分享着王乃徵的观感，也认为："当强邻环伺、人心浮动之时，万无再言缓进之理，而又却无急进之方。"[①] 这虽是为缓进提出的"说辞"，却与现实吻合。面对这样的局面，民间舆论也呈对立，有人表示不能消极，立论类似增辒；[②] 另有人则主张循序渐进，态度偏向王乃徵。[③] 可知朝野都分享着一种不可退又无法进的感知。

清季改革本是外向的，一个主要动因就是为了应对"强邻环伺"，只要这一局面不改变，中国就不得不寻求富强，改革也就欲罢而不可，当然不能"缓进"；但财力确不能及，不论财权在中央或在各省，民间也难筹款；"人心浮动"并非危言耸听，已是既成事实；继续"急进"不仅甚难，且可能引发更大的内部问题。面临着必须作为的新政治伦理，即使未能想到和提出更好的解决方法，有权也有责的各级政府都必须有所表现。因此，中央不能不持续推出一项项举措，各省也不得不有所因应。

在1906—1910年间，正是朝廷越来越急迫的一系列"中央集权"举措，促成了督抚的联合行动。这些举措包括外省官制的

---

① 丁宝铨：《奏覆经费并敬陈管见折》，《国风报》第1年第25期（1910年10月13日），第11页（文牍栏页）。

② 参见樊：《论政府核减各省行政费之非计》，《申报》，1910年8月15日，第1张第2—3版。

③ 参见《书各省督抚议覆行政经费折后》，《申报》，1910年10月21日，第1张第2—3版。

制定、中央清理财政、核定各省行政经费等，尤以耗时数年的改官制影响最大。而各省从新政到宪政的推行，大致都有一个从遵循到被迫敷衍的过程。到敷衍也难以为继时，遂不得不抗争。1908年的筹备清单，就是督抚从听命到抗争的转折。胡思敬稍后说，自“筹备单出，遂成今日不可收拾之势”，[①] 是非常准确的描述。

尽管有几次督抚的联衔合奏因一些重要人物不合作而流产，但他们就共同上奏进行磋商，已表现出联合的意愿。到后来包括借债、修路等事，督抚间也往往寻求采取联合行动。且他们的往还电文常披露于报纸，亦即其联合基本是公开进行的。这是此前不多见的现象。如韦庆远等学者所说：“清王朝再也控制和管束不住这些督抚了，这是二百多年来前所未有的。”[②]

督抚们抗争的最显著表述，就是他们提出的两个划分：一是划分宪政与新政以减轻责任，一是从税收到责任都要划分中央和地方。前者蒙朝廷让步，但并未解决根本问题；后者也大致为朝廷所采纳，[③] 但由于“省”的定位困窘，外无楷模，规矩只能自创，实际却表现出以妥协不了了之的倾向。事情尚未了结，就遇

---

① 胡思敬：《奏官制未可偏信一二留学生剿袭日本成法轻议更张折》(1911年2月)，《清末筹备立宪档案史料》，上册，第548页。

② 韦庆远等：《清末宪政史》，第336页，并参见第330—336页。

③ 那时连宪政编查馆也承认，不仅国家财政与地方财政需要划分，就是国家行政与地方行政，也应逐一划分。参见宪政编查馆：《呈拟行政事务权限办法折》(1910年4月)，《中华民国史档案资料汇编》，第1辑，第126页。

到了革命。

不过，督抚的抗争对各地要求速开国会的诉求，确有支援作用，[1]促成了筹备年限的缩短。当时舆论普遍觉得“清单”规定九年后召开国会速度太慢，在1910年曾有几次较大规模的国会请愿活动。[2]众多督抚的态度使朝廷不得不让步，宣布缩短预备立宪期限，定于宣统五年开设议院。这样，预备立宪的任务被提前到宣统四年完成，比原来的九年筹备计划实际缩短了四年。上谕注意到“今者人民代表吁恳既出于至诚，内外臣工强半皆主张急进”；并明言“此次缩定期限，系采取各督抚等奏章”；[3]清晰地表述出改变的动力所在，明确承认了督抚的影响。

很多督抚要求速开国会，是1910年一个特别需要关注的现象。表面看是积极推进立宪，其实是他们已基本不相信立宪能成功，故希望由国会来分上下（而不是通上下），从而减轻其责任，以避免上下之间的摊牌。朝廷虽迫不得已对督抚做出了重大让步，但并未根本解决上下间的隔阂与疏离。后来革命爆发时很多督抚的反应模棱两可，一些人甚至直接参与了夺权，亦良

---

① 参见嘉言：《论近来督抚对于政见上之心理》，《申报》，1910年10月23日，第1张第2版。

② 参见韦庆远等：《清末宪政史》，第302—330页；侯宜杰：《二十世纪初中国政治改革风潮——清末立宪运动史》，第268—330页。

③ 宪政编查馆录：《提前实行立宪谕》（1910年11月），《中华民国史档案资料汇编》，第1辑，第128—129页。

有以也。[①]

应该说，在1910年达到高潮的开国会要求，是多种因素汇集而成的合力，不同的人立意也有很大的不同。朝野中都有一部分人真以为只有开国会才能解决当时面临的基本问题，故一再敦促；督抚们则半存抵制，主要是从财务角度为厘清中央、地方而欲开国会，同时也希望借机设立责任内阁；而相当一些官员（多为言官）则似乎带有两害相权取其轻的意思，即在责任内阁难以阻挡的趋势下，通过开国会来防止"大臣专制"。但其共性是都希望有所改变，在不同程度上，从不同侧面表现出对自上而下立宪取向的怀疑。

《申报》曾刊文总结宣统元年大事，指出"朝廷之所最注意者"与"国民之所最注意者"有明显歧异，而"请愿国会"即是"人民意思所表示"。[②] 到督抚也以速开国会为抗争，不啻在朝廷与国民之间选择了后者。[③] 在某种程度上或可以说，朝廷与国民的歧异，部分转化为官场内的京师内外对立。这是一个隐而不显却不能视而不见的转化。任何统治集团内从来有歧异有纷争，但

---

① 不仅江苏巡抚程德全成功出任新政权都督，山东巡抚孙宝琦、安徽巡抚朱家宝、广西巡抚沈秉堃，甚至两广总督张鸣岐都曾一度担任或几乎担任当地都督。参见韦庆远等：《清末宪政史》，第549—565页；金冲及：《辛亥革命研究》，上海辞书出版社2011年版，第346—349页。

② 毅：《一年内政府与国民之大举动》（续），《申报》，1910年1月30日，第1张第3版。

③ 参见嘉言：《论近来督抚对于政见上之心理》，《申报》，1910年10月23日，第1张第2版。

其中重要的一部分开始向被统治者倾斜，不论是有意无意、主动被动，都意味着根本性变化的趋近。

到1911年年初，刘廷琛观察到一个重要的现象，即上下都被新政逼迫得不忠不恕了。在各省与咨议局关系充满紧张的督抚竟然请开国会，即“明知其难，而取媚于时论，是为不忠；己所不欲，而强施于朝廷，是为不恕”。但他也指出，“督抚为此，亦有不得已之故，则预备清单迫之使然”。盖“事务既极纷繁，财政又极困敝，不办则违旨，办之则速乱”，不得不“巧为解围”。而部臣“袭中央集权之说，凡兵权财权用人之权，均夺而归于部，而办事则以责之督抚”。这样“以责诿诸人而权归诸己”，复“以功归诸己而过诿诸人”，致使“上年各督抚纷纷奏请开缺”。[①]

在刘廷琛看来，“上下徒存敷衍之心”的结果，是“内外遂成相持之局”。枢臣和督抚，都不能“开诚布公”，大家“争意见而不顾事理”。明知预备清单不可尽行，国会不能遽开，但“督抚不能争清单，而徇时吁请，以为脱卸之方”；又“怨枢臣不负责任而苦其所难，于是有责任内阁之请”。而“枢臣不敢阻国会”，遂“迫促筹备，以为困难之计”。彼此“故设机锋，隐相抵制”。大臣既“谋国失体”，朝廷遂“威柄潜移”。

“各督抚纷纷奏请开缺”的新现象，提示出大臣中不少人实

---

① 本段与下段，大学堂监督刘廷琛：《奏为政象纷乱恳请明谕内外臣工消除意见以支危局折》（1911年2月），刘锦藻：《清朝续文献通考》，第11511页。

已感觉到天下之将变。云南提学使叶尔恺在1909年私下断言："中国不亡，必无天理。"[①] 到1911年，他复"就各种方面观之，深知吾国万无可为，颇欲引退"。[②] 是否引退当然另说，毕竟做官也是生计。但国无可为，恐怕是官场中不少人的共同感受。这样一种虽不能言而心知的感觉，或是上下以不忠不恕的态度敷衍的一个重要原因。

端方就认为，朝野的敷衍，比革命党更可怕。他稍早已说，面对内患外侮的局面，"苟中外臣工仍以敷衍苟安为计，以倾轧排挤为能，恐安危之数，不在党徒之煽乱，而在政论之纷歧"。[③] 到1910年，锡良也发现，尽管"筹备立宪，限年进行"，但像责任内阁、变通旗制等"京师所最要之筹备"，仍未实行；而各省新政，也多为敷衍，"或有名无实，或似是而非"。与"前十年气象"比较，很难说是进化还是退化。继续下去，"恐上下交困，将有土崩瓦解之一日"。[④]

恽毓鼎入民国后说，司马光在《资治通鉴》中把曹操"不敢篡位"归功于"后汉风俗节义之美"，甚有见地。"我清之亡，并

---

① 叶尔恺致汪康年，1909年10月29日，《汪康年师友书札》(三)，上海图书馆编，上海古籍出版社1986年版，总第2487页。

② 叶尔恺致汪康年，1911年7月21日，《汪康年师友书札》(三)，总第2505页。

③ 端方：《奏请迅将帝国宪法及皇室典范编定颁布以息排满之说折》(1907年)，《清末筹备立宪档案史料》，上册，第47页。

④ 锡良：《时局危急密陈管见折》(1910年)，《锡良遗稿·奏稿》，第1126页。

无暴刑虐政，只是是非颠倒，人心竞趋于私利，廉耻荡然。”[①] 刘锦藻也认为：“天下之乱也，必先乱其是非，然后兵革从之。”[②] 他们大概都赞同端方的观察，惟“是非”何以颠倒混乱，何以在此时颠倒混乱，则需深长思。所谓土崩瓦解，往往是自己而非外力造成的。“上下徒存敷衍之心”的局面背后，实有更深层次的结构困境。

立宪本是新政的核心成分，也是新政在制度层面的主要体现。但由于限定了筹备的年限，并一再缩短，亦即一再加速，仿佛一道紧箍咒——改革按原有惯性匀速发展已极其困难，如今更欲缓而不能；但这样的加速度，却隐伏着运行方向改变的可能。当督抚提出上述两个区分来变相抵制时，意味着即使纸面的改革也难以维持，新政的结构性困境充分显露。大致从这时起，以立宪为表征的革政，已经被“证明”为无效，遂不复能与革命竞争，而逐渐转化成为革命的助推器。

尽管出发点不尽相同，民间和疆臣却不约而同地呼吁开国会。这样一种异中存同的立场，提示着包括士和大夫在内的读书人群体对自上而下改革模式的质疑。对一直试图贯彻“得君行道”模式的朝野而言，这是一个不可小视的转变。如果自上而下的改革之路走不通，就只能转向截然相反的自下而上之路。不论

① 恽毓鼎：《澄斋日记》，1913年4月5日，第638页。

② 刘锦藻：《清朝续文献通考》，第11504页。

是走向地方自治，还是通过选代表以开国会的路径，都意味着改革成败的重心从朝廷转向了人民。然而两种取向都显得有些缓不济急。

在近代权势转移的大背景下，以“小政府”的思维模式推行迅速富强的“大政府”政策，基本是个“不可能完成的任务”。庚子后开始的新政实施尚不及十年，很多矛盾并未得到充分的体现。若再给清廷十年继续推行改革，恐怕仍会被各项日新月异的新举措拖垮。而若体制内自下而上的改革也走不通，另一种自下而上的体制外选项——革命——的正当性和必要性便逐渐成立。

胡适有一句名言：“革命是为什么？岂不是为了要建立一个更好的中国？”[①] 其实清季的革政（即后人所说的改良）亦然。革命与改良不必是两个派别，却无疑是两种相生而又相克的取向。清廷提出立宪，当即对倡导革命者产生不小的冲击，[②]最能表明双方实际目标的接近；而革命党的存在，或也是主张立宪者不能不加紧努力的一个动因。这样一种关联互动中的纠缠，一直维持到武昌枪响之时。

---

① 胡适：《建国问题引论》，《独立评论》第77号（1933年11月19日），第5页。

② 梁启超听说立宪诏书已颁就认为“从此政治革命问题，可告一段落”（梁启超：《致蒋观云先生书》，丁文江、赵丰田编：《梁启超年谱长编》，第365页）。而革命党人则直接把这一“异族政府之得意处”视为“我汉家子孙举吊旗服国丧之日”。参见锄非（刘道一）：《驱满酋必先杀汉奸论（节录）》（1907年），《辛亥革命前十年间时论选集》，第2卷，下册，第858页。

附　录

五千年的大变：杜亚泉看辛亥革命

——读《辛亥前十年中国政治通览》

辛亥革命是中国历史的一大转折，然而当事人和后人对此的认知似都有些不足。由于时人对那次鼎革的认识不够深入，对革命可以带来的转变又期望太高、对共和的见效要求太快，从民国二年开始，国人对新体制的大失望已经萌芽，而革命并未成功的看法也逐渐树立，衍化成一种固定的认知。受此影响，我们对辛亥革命本身及随后尝试共和的早期经历的观察，也渐失平常心和批判力，而在不知不觉中随着某种固定的视角和思路去观察和思考。其结果，有些与此相左的看法，虽提出甚早也实有所见，却为我们所忽略，长期视若无睹。

《辛亥前十年中国政治通览》[①]一书就是国体转换的当事人当时的感受和分析。该书原名《十年以来中国政治通览》，出版于1913年1月，是《东方杂志》(1904年创办)为"刊行十年之纪念"而出之"纪念增刊"的主要部分，附在该杂志的第9卷第7号之后。因其时间的巧合，那十年的政治通览，基本等于回顾辛亥前十年的经历，从当事人角度，告诉我们那次革命怎样"一路走来"。

该书最主要的作者，是时任《东方杂志》主编的杜亚泉。占全书一半篇幅的"通论"和八篇"各论"中至少两篇，悉出其手。其余作者，目前只有署名"指严"者可以确定为许指严，余皆待考(因各论皆署笔名，多数笔名似乎都仅此一见，也不排除

---

① 杜亚泉等:《辛亥前十年中国政治通览》，周月峰整理，中华书局2012年版。

其中还有杜氏的作品）。不过按照当时的惯例，大概都是商务印书馆（《东方杂志》的出版者）人员。这样看来，该书不仅为杜亚泉所主撰，全书构想也应出自于他。

杜亚泉这几年较为人所关注，主要因为他在新文化运动时期提倡一种不那么激进的中西调和取向。当年他因此不能与时俱进的坚持而失去了《东方杂志》主编的工作，近年却因此另类的（alternative）主张而引人注目。不过，大部分杜氏的关注者，却不甚注意他对辛亥革命的即时认知和分析。《辛亥前十年中国政治通览》一书的出版，不仅可以帮助今人重新认识和理解辛亥革命，也有助于我们进一步了解杜亚泉的思想。

1.不可以常例论的五千年大变

与后来很多人不一样，杜亚泉当时就充分注意到那次鼎革的根本性质（以下凡未注明者，皆引自《通论》），他说：

> 吾侪今日，处共和政体之下，追忆十年以前……虽国势之颠危、民情之锢敝，犹不免为五十步百步之观，未能逾十年小变之常例。而五千年来专制帝王之局，于此十年中为一大结束；今后亿万斯年之中华民国，乃于此时开幕。则非十年以来之小变，实五千年以来之大变，而不可以常例论矣。

很明显，以共和代帝制，是个以千年计的大变。类似的说法，也曾为不少人提及，却并未真正据此思考。若定位于变化的层级，只要确认共和为革命之目的，任何能造成这样转变的革命，宁非极大的成功？至于尝试一个全新政治体制的成败，那是一个更大变革的一部分；发生在辛亥年的那次革命本身，不应为其承担责任；而其带来的政权鼎革，却无疑是一个象征性的转折点——与其相关的转变此前已发生，此后仍在延续，直到今天。

这是一个充满颠覆和根本性变革的全方位巨变，且仍处于进行之中。它可以说是“革命”（revolution），也可以说是“转化”（transformation），更可以用梁启超所说的“过渡时代”来概括。正因为变化是全方位的，政治层面的共和取代帝制，不过是其一个有代表性的象征；复因为变化是根本性的，洋溢着革命的激情，这又是一个希望与风险并存的发展进程，很难以常理论。[①]

杜亚泉既认识到这是五千年以来之大变，又指出了其不可以常例论，所见实高。前者或尚有人提及，后者则是一个没有多少人分享的睿见。好些年后，梁启超对“革命时代”的历史研究有了概括的认识，即“革命前、革命中、革命后之史迹，皆最难律以常轨。结果与预定的计画相反者，往往而有”。[②]可惜的是，这

① 参见罗志田：《过渡时代读书人的困惑与责任》，黄贤强主编：《汉学名家论集：吴德耀文化讲座演讲录》，新加坡国立大学中文系、八方文化创作室2011年版，第139—160页。

② 梁启超：《中国历史研究法》（1922年），《饮冰室合集·专集之七十三》，第117页。

样的卓越见解对后来的历史研究者影响不大。迄今很多研究者，仍喜欢用按图索骥的方式，拿各种古今中外的常例、常轨来衡量辛亥革命。

2.殊途同归的革命与立宪

杜氏见解的另一特点，是明确了此前革命与立宪“殊途同归”，这与后来的史学论述中常将二者视为对立，非常不一样。在他看来，辛亥前十年

> 茫茫政海中，固有二大潮流，萦洄澎湃于其间。此二大潮流者，其一为革命运动，其一为立宪运动。革命运动者，改君主国为民主国；立宪运动者，变独裁制为代议制。其始途径颇殊，一则为激烈之主张，一则为温和之进步；及其成功，则殊途同归。由立宪运动而专制之政府倾，由革命运动而君主之特权废。民主立宪之中华民国，即由此二大政潮之相推相荡而成。而十年以来元首之更迭、议会之发生、政党之勃兴、与夫行政机关之改革，莫不以是为要领焉。

因此，“中国十年以来之政治，自一方面观之，为革命运动之进行；自一方面观之，则又立宪运动之进行也”。这样的见

解，也有人分享，梁启超就屡言之。不过，杜亚泉进而提出，立宪的任务尚不止于革命。用时人的话说，君主、民主是所谓国体问题，而立宪则是更实际的政体问题。立宪的实质，是“以宪法规定统治权”。具体言之，则“必设议院以代表国家意思，制定法律；政府则依国家之意思以执行政务；更立法院依法律以行裁判。而地方自治，尤为立宪国家之基础”。这样的立宪，前清仅开其端，而民国尚未接其续。

在杜氏看来，变独裁制为代议制，既是革命的任务，也是共和的要求。“综观我国十年以来之历史，不外乎改革政体、实行立宪之一事。革命运动，亦无非以此为目的。”革命可以转换国体，却不一定能保障代议制的推行；故革命之后，仍需进一步推行立宪。惟民国二年时的状况，则是“革命之伟业虽成，而立宪之前途尚远”，故“今后之进行，我国民正宜努力”。最后一语，或并非简单的套话。从清末以来，凡事诉诸“人民”，便是对当政者失去信任的隐语。同时，“国民”大致也是一种适于整合各类不同政治力量的概括性认同。

梁启超后来在辛亥革命十周年时，也提出革命与立宪共同的说法，以为“当光绪、宣统之间，全国有知识有血性的人，可算没有一个不是革命党”；不过主张立宪者想要实行“政治革命”，而主张革命者却要实行“种族革命”，双方“表面上虽像是分歧，目的总是归着到一点”。而辛亥革命即是他们“不约而同的起一种大联合运动”——武昌起义前有四川咨议局人士主导的保路运动，武昌起义后响应而宣布独立的也多是“各省咨议局”。[①]

这个说法不能仅视为想要在革命成功后分享“胜利果实”，多少也有些史实的依据，近年不少人即仿此而立说。那时梁启超正以“国民运动”来涵盖双方，即两者都是“诉诸一般民众，合起来对付满洲政府”的国民运动。不过他进而指出：“共和政治的土台，全在国民。非国民经过一番大觉悟大努力，这种政治万万不会发生；非继续的觉悟努力，这种政治万万不会维持。”如果国民的面貌不改变，“凭你把国体政体的名目换几十躺（趟）招牌，结果还是一样”。[②] 梁所谓政治革命，即杜所说的立宪；约十年过去了，共和仍只是个“招牌”，充分表现出很多读书人的失望。

这后来表述出的失望，其实从很早就开始。杜亚泉自己虽已认识到这是一次五千年的大变，他在民国二年说“立宪之前途尚远”而寄希望于国民时，已隐约有些不耐了。余人的不满，大体也滥觞于此时。对于很多未曾认识到此次鼎革性质的人来说，革命既然可以这样容易就“成功”，后面诸事也都应同样顺利而神速才是。或许正是革命成果来之太易，宠坏了早已被近代连续的挫折逼得急不可耐的国人。

---

① 梁启超：《辛亥革命之意义与十年双十节之乐观》（1921年），《饮冰室合集·文集之三十七》，第4页。

② 梁启超：《外交欤内政欤》（1921年），《饮冰室合集·文集之三十七》，第44页。

3. 速成的革命

的确，辛亥革命的一大特点，就是其速成。用杜亚泉的话说，自武昌发动后，“五旬之间，各行省之光复者，十居八九。其余各省，亦莫不先后响应”。可以说，“此次革命之举，诚速于置邮传命矣”。这是个非常形象的表述，且那时好像还是世界性的趋势。此前（1910年）也是由帝制改共和的“葡萄牙之革命，成功最速。于十月四日午前一时发难，至午后二时而葡王出走，是日白拉茄披推为假大统领。一年以内，痛革旧政，颇收美果”。比较起来，“我国革命之成功，虽不及葡萄牙之神速，然决非其他诸国所能比拟”。①

如果说此时杜亚泉对中国革命的“神速”不如葡萄牙还略感遗憾，稍后他的心情就更好，乃自豪地说：“自辛秋起义，不及半年，共和聿成，民国统一。以极短时间，成极大事业，不特中国所未有，抑亦先进之所无。”② 自19世纪以来在中外竞争领域屡屡受挫的中国，竟一举走在世界前列了！能不让很多人心旷神怡！

不过，杜氏同时也开始思考，革命成功太容易，则后续问题

---

① 杜亚泉：《中华民国之前途》，《东方杂志》第8卷第10号（1912年4月），《杜亚泉文选》，第36页。

② 本段与下段，高劳（杜亚泉）：《革命战争之经过及其失败》，《东方杂志》第10卷第3号（1913年9月）。

可能甚多。“夫成熟易者果实不良，代价廉者物品必劣，此自然之理也。”他想起一位美国人曾说：“使中国革命自此竟告成功，则吾美之共和将无价值。”这话虽不动听，“其言固含有至理”。因为革命是“至宝贵至艰大之事业也。美人富自治性质，犹必经十余载之痛苦，始观厥成。以吾习于专制之民族，乃不数月而遽收美果。揆之事理，决无若此之易易。则其必将再经挫折，再经磨难，又势所必至者”。盖“吾国专制之毒，入人已深，一旦易名共和，而形成共和国家之内部分子，未尝受相当之磨折，俾与国体同化，则其杌陧凿枘，因不体合而生种种冲突，亦固其所”。

杜亚泉眼中美国人和中国人的对比（分别与自治和专制相关联），固带有当年的时代特色；然那时就能够考虑到政治制度的基础是人，共和体制的成败取决于国人能否“与国体同化”，不能不说是高瞻远瞩。后来他分析二次革命的总因，也认为是“社风骤变”造成的“道德堕落”，仍是从国人对新制度准备不足的角度立说。这也是杜氏与众不同之处，即他往往能从事物的基本层面思考和分析问题。此前他对清季新政的考察，便已表现出这一特点。

4.摹拟繁复政治可能导致革命

杜氏于1909年年初入主《东方杂志》，与朝廷下诏加快预备立宪大约同时。此后立宪的推进其实已相当快速，但仍未能赶上民间对宪政推行的期盼。到1910年4月，《东方杂志》在第7卷第2号刊出“改良序例”，重申“代表舆论，主持清议，对政府而尽其忠告，悯斯民而代为呼吁”的办刊宗旨，并以各种新栏目配合“宪政方新，世变益亟”的现状。又一年后，更在第8卷第1号（1911年3月）宣示了“本社之大改良”，表示随着“国家实行宪政之期日益迫近，社会上一切事物，皆有亟亟改进之观”。《东方杂志》也从内容到体例进行了较大的变动，以回应“随世运而俱进”的读者。

或可以说，杜亚泉时代的《东方杂志》，就是和清末宪政与时偕行的。而他对清季新政的认知，却比很多时人更深刻。他在1900年就提出，政治在很大程度上依赖于技术：“航海之术兴，而内治外交之政一变；军械之学兴，而兵政一变；蒸气电力之机兴，而工商之政一变；铅字石印之法兴，士风日辟，而学政亦不得不变。”甚至可以说：“政治学中之所谓进步，皆借艺术（即今人所说的技术）以成之。”而中国读书人则不论在朝在野，“皆热心于政治之为”；今日当“降格以求，潜心实际，熟习技能，各服高等之职业”。盖政治只需要少数人，而“存活于我社会中多数之生命者，必在农商工之界”。若能“职业兴而社会富”，则“文明福泽，乃富强后自然之趋势”。[①]

杜氏所谓政治与艺术的关系，隐约可见今人爱说的国家

① 杜亚泉：《〈亚泉杂志〉序》（1900年11月），《杜亚泉文选》，第1—2页。

（state）与社会的关系。尽管使用的语汇不同，表述的隐显也不一，他很早就敏锐地意识到，国家与社会不仅密切关联，又处于一种多层面的紧张、冲突甚或对抗的竞争性关系之中。约十年后，在辛亥革命前夕，他进一步论证了两者间关联互动的关系，提出："政治者，社会上一种之事务也。政府者，社会上之政治机关，亦一种之机关也。"[①]

而随着西潮东渐，中国偏重"政治"的传统得到了欧洲及日本"繁复政治"的支持，变得更加强有力，并直接体现在新政的举措之中。由于欧洲以及日本

> 各国政府，组织繁复之官僚政治，视社会上一切事务，均可包含于政治之内；政府无不可为之，亦无不能为之。政权日重，政费日繁，政治机关之强大，实社会之忧也。社会之人，或习焉不察，讴歌于政府万能之下，至事事依赖政府而为之。营一业则请国库之补助，举一事则求官厅之保护。民间独立心之薄弱，实为当局者多年之干涉政略所养成。积之既久，遂不自觉其迷误。

这样的外国思路，不幸为正通过日本学习西方的中国人所仿

① 本段及以下数段，杜亚泉：《减政主义》，《东方杂志》第8卷第1号（1911年3月），《杜亚泉文选》，第11—16页。

效，遂以为“无学部则教育必衰，无农工商部则实业不振”。其实，“社会之事物，有自然之法则管理之”——“社会之活力（才力、财力之结合作用），有一定之制限，政府决不能创造之”；而“社会之发展，有一定之秩序，政府亦不能揠助之”。盖“有研究学术之活力，则教育自兴；有生产之活力，则实业自盛”。杜氏这些见解，与前引技术兴则政治变的早期观念相对照，便可见其沿袭发展的脉络。他强调：

> 一国政府之本分，在保全社会之安宁，维持社会之秩序，养其活力之泉源而勿涸竭之，顺其发展之进路而勿障碍之，即使社会可以自由发展其活力而已。教育也，殖产也，政府惟司其关于政务者，不必自为教育家、自营农工商之业也。夫国家教育之兴，非政府多颁学堂章程、多编教科书籍之谓；国民实业之盛，非政府多营官有事业，多定检查方法之谓。总言之，则国运之进步，非政府强大之谓。

因此，与其“谓社会之进步，必仰政府之提携；不如反而言之，谓政府之进步，仰社会之提携，较为确当”。若政府“不察此理，贸贸焉扩张政权，增加政费，国民之受干涉也愈多，国民之增担负也愈速。干涉甚则碍社会之发展，担负重则竭社会之活力，社会衰而政府随之”。这是真正学贯中西的见道之论。只有对中国传统政治和西方经典自由主义的小政府观念有深入理解，并了解西人关于国家与社会关系的新学理，才能说出如此通透的话。

而教育和商业不应由政府主导，更是杜亚泉反复申论的主题。对于农工商部，他主要认为是“虚设”，没起到什么正面作用；而学部之设，则给教育带来了直接弊害。因为“学部管理教育，事事必就绳墨”，其“所颁布之教育法令，渐臻严密”。大至教科分配、学级编制、教师资格和教授书籍，小若节日纪念的礼式、放假休学的日期，“甚至服物细故，亦或规定而取缔之”。其条例之繁密，“仿之科举而更甚”。如此多的束缚，严重影响了教育的发展，“不可不大加减削”。①

杜亚泉注意到，日本当时已有人提议“废止文部省、农商务省”等部门，而中国留美学生也因美国不设学部，倡议中国也“废去学部”。他也主张中国之“教育行政、农工商行政，不必另设专部”。说到底，“教育实业等事，全赖社会之自谋，国家仅任提倡检查之责，其直接自办之事本少”。尽管他稍后观念略有转变，认为自清末“商部开办以来，力惩旧习，积极进行”，使“国人耳目，崭然一新。凡朝野上下之所以视农工商，与农工商之所以自视，位置较重”。②但整体上，杜氏坚持社会的事应让社会自为，并不看好政府过于积极的作为。

---

① 本段与下段，杜亚泉：《论今日之教育行政（续）》（1911年10月），《杜亚泉文选》，第26—28页。

② 高劳（杜亚泉）：《辛亥前十年中国政治通览·实业篇》，第161页。

盖不仅权力永远导致腐败，官僚机器亦自有其强大的惯性作用，使一切向形式化和文牍化的方向发展，直至欲自我遏制而不能。在有官僚政治传统的外国，若政府太有作为，“势且不可久”。清末中国本“人才未贮，财力未充”，乃“不自量力，尤而效之。规模不可不备也，于是乎增设若干之官厅，添置多数之官吏；而又不可无所事事也，于是乎编订种种之条例，设立种种之名目”。当时“政治所以纷繁纠杂者，正因官吏太多，彼此以文牍往还，以消日力，所谓‘纸张天下’是也”。其结果，“当局以张皇粉饰其因循，朝士以奔走荒弃其职务。问其名则百废具举，按其实则百举具废”。①

官僚政治这种自我消耗且难以自制的惯性作用，今日正盛行于全球，而杜亚泉早在一百年前就已洞烛其弊，实在难能可贵。

直到今天，多数研究者仍沿袭着“无学部则教育必衰，无农工商部则实业不振”的思绪，把清季新设各部作为一个“进步”的正面举措进行论述。在大学扩招而批量生产博士硕士后，这些新设各部本身也成为学位论文题目；而其中讨论最详细的，恰是杜亚泉苛责最多的各类章程条例和繁复检查方法。这些新研究倒是与当年以文牍为政务的时代风气暗合，颇具以条文为史实的特色，再现了“纸张天下”的风采。

今日多数研究者基本不以新政期间政府举措过多为病，还

① 杜亚泉：《减政主义》，《杜亚泉文选》，第13—16页。

往往指责其作为不够。而杜亚泉的态度则相反，因为他很清楚，政府的任何作为，都与开支的增加成正比。在他看来，清末的宪政，常以仿效“他国之繁复政治之形式”为目标，而未曾认识到“国家政治，在精神而不在形式”。正因为致力于形式求备，一些并未考虑中国国情的举措，常使人“感其事之无益，觉其费之可省”。

例如，清末办警察是中外研究者一向称赞的举措。但杜亚泉则注意到，中国的警察制度，徒从形式“摹拟他国，似未适合于我国之情势”。盖西方城市人口多，“故有市街警察之制”。中国则“一二大都会繁盛之区，固可仿而行之；乃各府县之城治市集，亦复于数十武之内，植立武装之巡士；甚至乡村之间，亦间有之”。由于乡镇本无多少需求，这些巡警不过“终日植立而无所事事”。警政是当年民政部耗费最多的事项，实则“其费甚繁，其益殊少”。若能从“适于用”的角度改革之，“则全国之内，所节必多”。

总体看，中国实行宪政数年，徒“摹拟他国之繁复政治，包举一切，而能力不足以副之”。更重要的是，

> 此等事务，皆在官与官之间，与吾民无与。吾民之所须于国家者，除对外而求其捍卫国境，对内而求其缉除暴乱，此外则讼狱之事，不可不仰官厅裁判；赋税之款，不可不向官厅输纳而已——所谓刑名钱谷而已矣。吾望吾政府编订它

制之时，勿仅存官多治丰之见，而虑及官多生事之害也。

这其实是杜亚泉区分政府与社会职能的一贯见解。被他名为“减政主义”的小政府取向，在他眼中既是“各国社会上之新倾向”，也是“我国政治上之旧经验”。这也是杜氏与许多今人不同之处——那些以为新政举措多多益善的研究者，基本不知中西政治传统中尚有小政府的取向，或虽知却视而不见；他们大体仍存“官多治丰”之见，而未见“官多生事”之害。故其对清季新政的认知，常与杜亚泉异。

关键在于，繁复的新政到那时“弊害已形，致反对之声，一时哄起”。若不“采用减政主义，收束局面，以为持久之谋”，则前途堪忧。杜氏

> 逆料其结果，殆不出两途：一曰迫于财政之困乏，仅仅维持现状而不得，则敷衍益甚，而几等于销灭；一曰不顾民力之竭蹶，益益进行现在之政策，则搜括愈力，而终至于溃决。其尤不堪设想者，则一方面行其敷衍之策，而政治销灭于上；一方面尽其搜括之实，而经济溃决于下；大局遂不堪问矣！

5. 革命怎样走来

上面是杜亚泉在1911年3月的预测，现在看来，不能不佩

服其洞察力。革命发生后，他分析其起因，以为主要是“政治之不良，政体之未善。而种族之异，亦足为其诱因”。尽管“革命之现象，至今年而大著。而考其主义之发生，则夫提倡之、传播之、实行之，伏而不灭、蹶而愈奋者，已非一朝一夕之故”。从太平天国到最近的吴樾谋炸端方和徐锡麟枪毙安徽巡抚恩铭，各种“言论事实之发现于近年中者，既日演而日激。革命之声浪，震荡于国民之耳鼓；革命之思想，遂深印于国民之脑筋”。[①]

不过，当时“下有鼓吹革命之党人，而上复有制造革命之官吏。立宪其名，专制其实：商路则收为国有，外债则任意大借，代表则递解回籍，内阁则专任亲贵。凡可以离民之心、解民之体者，行之惟恐不力”。结果，到“武汉事发，各省响应，革命军之旗帜，遂翘然高举于禹域之内”。所谓官方“制造革命”的说法，早由章士钊发其端；[②]但章更多是说反话，杜却是认真的。问题是，努力推行新政的朝廷何以能让人产生这样的看法，即其行之唯恐不力的，皆是“离民之心、解民之体”的举措，是非常值得思索的。这直接牵涉到清季改革与革命的复杂关系，非片言可了，只能另文探讨。我们且看杜亚泉的见解：

---

① 本段与下段，高劳（杜亚泉）:《革命战事纪》,《东方杂志》第8卷第9号（1911年11月）。

② 参见章士钊:《论中国当道者皆革命党》（1903年），《章士钊全集》，第1卷，文汇出版社2000年版，第20—24页。

此次清廷革命，其本因有二：一为远因，则以满人专有政治上之特权，种族间生不平之观念；一为近因，则由于世运变迁，专制政体不适于时世。而其助因有三：一为中央集权，二为大借外债，三则财政紊乱、政费浩大、税目繁杂。[①]

清末的种族问题，过去是有些讳言的。其实既是事实，也有构建的成分，还有大量待发之覆。而所谓专制政体不适于时世，实各说不一，其背后隐伏的关于专制、时世的理解，也相去甚远。我的看法，由于西潮冲击造成中外竞争的新局面，清季朝野面临着政治方向、政治结构和政治伦理的根本变革。杜亚泉之所论，更多还是时人所谓专制和立宪的对应。倒是他所说的三助因，环环相扣，皆与新政直接相关，可能是促成革命更直接的原因。

中国的传统政治理念，道家主无为，儒家主君主垂拱而治，都是一种不强调作为的小政府取向。而小政府的一个基础就是分责分权。历代关于郡县和封建的长期争议，便与怎样分责分权相关。昔人也说郡县制是中央集权，那其实是针对着封建制的弱中央而言，与今人心目中的中央集权，还差了十万八千里，切莫混淆。但清季新政最后几年，确因推行改革出现明显的集权现象。

---

① 杜亚泉:《中华民国之前途》,《东方杂志》第8卷第10号（1912年4月），《杜亚泉文选》，第40页。

盖清代督抚理论上是朝廷外派人员，却又有不小的独立权限，故其“常利用其中间之地位”进行运作。当民气强盛时，便“藉人民之后援，以抵抗中央”；若中央意志强硬时，则又尽力压制，“保中央之信用，以摧残民气”。[①] 及新政推行，朝廷发现“行省分权，不能举改革之实，遂主张集权；即以是受人民之反抗，为此次革命之重大原因”。[②] 而盛宣怀在辛亥年提出的“干路国有，借款兴筑”政策，酿成了四川保路运动。前者便与中央、地方的权责相关，后者又触动时人关于借外债即“丧失国权”的普遍认知。不得不事事作为的政府，面临浩大的政费，又不能违背永不加赋的祖训，遂只能靠征收临时性的苛捐杂税和大借外债来应付。揆诸当时舆论，两皆有自杀意味。这些方面，《辛亥前十年中国政治通览》通论和各论均有论述，颇可参考。

6. 追寻已逝的现场感

总之，对于辛亥革命的发生和进行，身历鼎革的当事人，其看法与后人常不甚同。我们借助后见之明，更容易看到什么直接影响到了结果。然而有些后人非常关注的，在时人的眼中，却可能不过如惊鸿之影，一掠而过。反过来，有些他们所特别看重

① 沧父（杜亚泉）：《论省制及省官制》，《东方杂志》第9卷第3号（1912年9月），第3—4页。

② 杜亚泉：《中华民国之前途》，《杜亚泉文选》，第37页。

的，我们或有不知所云的感觉。包括《辛亥前十年中国政治通览》附录中的几种“大事记”，有些我们今天来编写，可能就不会收录；而有些那里不曾纳入的，我们反会大书特书。胡适早就提醒我们，历史记载中“最不近情理处，他的最没有办法处，他的最可笑处，也正是最可注意的社会史实”。[①]《辛亥前十年中国政治通览》一书中所有与今不同的记录和分析，都可视为历史研究的突破口。

最重要的是，当下记载有其特定的长处，即在其可能“捉住当前一境”的现场感，那是后人永不能有的。顾颉刚曾论笔记的好处说：“或写其直接之见闻，或记其偶然之会悟，要在捉住当前一境，使之留于札牍而不消失”；传说中李贺在驴背得句即书于片纸，正欲保存“其一刹那间之灵感”。[②] 盖史事常如章太炎所说：“若空中鸟迹，甫见而形已逝。”[③] 当时写下的文字，不论其写作或记录的意图如何，多少都能留下几许“一刹那间”的感触，与后人追记、考证者大不相同。

《辛亥前十年中国政治通览》的整理出版，不仅让我们看到很多重要的见解，还能让我们体会时人的“当前一境”，庶几可以捕捉已逝的“空中鸟迹”。例如，该书在论述袁世凯在直隶练

---

① 胡适：《〈醒世姻缘传〉考证》（1931年12月），《胡适全集》（4），安徽教育出版社2003年版，第407页。

② 顾颉刚：《浪口村随笔·序》（1949年7月），辽宁教育出版社1998年版，第1页。

③ 章太炎：《国故论衡·文学总略》，上海古籍出版社2003年版，第54页。

北洋新军时，便注意到其“数次办理秋操及南北合操，颇能铺张扬厉，耸动外人”(《军政篇》)。这一点向为后之研究者所忽视。1905年北洋新军的首次实弹演习，据说耗银百万两，在当时可是件大事。以当年的预算，固不免有人以为这样做是过于浪费、劳民伤财，但也让许多人——特别是在华外国人——看到一个“尚武”中国的兴起。所谓“颇能铺张扬厉，耸动外人”，寥寥十个字，已概括了两方面的观感。这样的现场感觉，最为后人所缺乏。

注意外人观感，是当年一个重要现象，展现出一种面向世界的新眼光。《东方杂志》对此也是有意为之。在第7卷第2号的“改良序例”中就新增中国大事记、世界大事记、中国时事汇录、世界时事汇录，以及中国调查、世界调查等栏目，都是考虑到“万方多难，供殷鉴于寸心”；俾读者“不出户庭，足周知乎四国”。后来第8卷第1号的改版，也强调要“广征名家之撰述，博采东西之论著，萃世界政学文艺之精华，为国民研究讨论之资料”。对于时事，更“近自吾国，广及世界，凡政治上之变动、社会上之潮流、国际上之关系，必求其源委，详其颠末”。

《辛亥前十年中国政治通览》的编纂也遵循类似的取向，故配有“十年世界大事记”和“十年世界大势综论”。在杜亚泉的论述中，更明确从中西文明结合的视角观察中国的革命：

此十年内之变局，不特在吾国历史中，为上下古今时势转移之枢纽；即在世界历史中，亦为东西两洋文化交通之关键。盖十年以前，欧洲之文明，输入我国者，仅物质科学之一小部分；精神科学，殆付之等闲。至政治上之思想与学说，尤为守旧者之所嫉视。虽仇洋之气焰，既因巨创而渐消；而革新之精神，犹为群顽所阻遏。鼓荡之而消融之，使欧洲政治上之原理，得移殖于东亚大陆之上，则固自近十年始也。他日者，因两文明之接合，辟伟大之境域于精神界上，固不能不以此十年为孕育胚胎之时代矣。

把辛亥革命视为“世界历史中东西两洋文化交通之关键”，恐怕是很多今人不太容易想到的。但也只有循此视角，才能真正理解后来的“五四新文化运动”，理解为什么胡适把新思潮的任务界定为“整理国故，再造文明”。而中西文明接合之后，还要对世界文明做出贡献，“辟伟大之境域于精神界上”，大体延续着梁启超早年希望东西文明“结婚”的梦想，却是后来许多人早已忘却的抱负。北伐时胡适曾教导西人，社会主义是西方文明当时的最高阶段，而西人就对此视而不见，需要他这个中国人来提示，同样也是秉承这样一种开放心态和世界眼光。

《辛亥前十年中国政治通览》中又一表现时人“当前一境”的描述，可见于杜亚泉对清季立宪国策的回顾。他说：“我国由君主立宪之预备时期，一跃而为民主立宪之确定时期，其进化之速，亦足为我国民幸矣。”这很容易让人想起袁世凯稍早在鼎革时也曾说：由于改用共和国体，中国人遂“由专制朝廷之臣仆，一跃而为共和平等之人民。实我中华无上之光荣，亦世界罕闻之盛举”。[①]甚至1912年成立的孔道会，在上书大总统袁世凯时也说：“中国由专制一跃而为共和。”[②]

这些政治和文化倾向不同的人不约而同地使用的“一跃”，最能表现那种一举领先世界的荣幸感。而且这几乎是个二级跳式的跃进，前“一跃”的立宪尚未及实现，后“一跃”的共和已凌空起步，并轻松跨越。故若从倒放电影的视角看，两跃的起步点几乎是同一的；若分而视之，从前“一跃”到后“一跃”，也没用多久。当时世界的共和国不多，中国便居其一，在亚洲更是第一个。久积之愿望，竟然一朝实现，得来不甚费功夫，其庆幸、自豪之感，皆发自内心。自19世纪中叶以来，这样的心境，已久违了。

对另一些人来说，原来革命这样轻松容易，从此也就进一步确立了“革命”在从思想到行动各层面的“正确”性。“革命”在中国社会中的吸引力，自然不胫而走，成为很多人遇到问题时一个名列前茅的选项。套用今人的话说，在改写历史之后，要同

---

① 袁世凯：《为改定国体致各督抚等电》（1912年2月13日），《中华民国史档案资料汇编》，第2辑，中国第二历史档案馆编，江苏人民出版社1981年版，第79页。

② 王锡蕃：《孔道会上大总统书》，《宗圣汇志》第1卷第1号（1913年5月），第5页（文页）。

样以毕其功于一役的方式续写历史的向往，成为后来很多人的希望；也常因其事不能速成，而给很多人带来失望。过去对辛亥革命的认知，便多受到这类失望的影响。

或许即因这次令人失望的具体革命并未“成功”，才让抽象的“革命”在此后仍让人流连不已，浮想联翩，甚至感觉不“告别革命”就不足以推进他事，却淡忘了我们其实经历着五千年未有的大变。迷途知返，不妨回看时人当下的观感。